사람을 얻는
프란치스코 리더십의
12가지 비밀

사람을 얻는

프란치스코 리더십의
12가지 비밀

제프리 A. 크레임스 지음

백혜진 옮김

매일경제신문사

이 책은 나에게 단순히 리더십에 관한 책 한 권이 아니다. 삶의 의미를 새롭게 만드는 소중한 책이다.

나는 가톨릭 신자도, 개신교 신자도 아니다. 나는 유대인 학살 당시에 생존했던 사람의 아들일 뿐이다. 나의 아버지는 폴란드(Poland)에서 태어났고 히틀러 치하의 독일에 살면서 가족을 모두 잃었다. 아버지의 이야기는 너무나 놀라운 것이어서, 스티븐 스필버그의 〈쇼아 영상 역사 재단(Shoah Foundation)〉에도 등장했다. 이 영화는 스티븐 스필버그 감독이 〈쉰들러 리스트〉를 만든 후 제작한 디지털 추모작품이다.

어머니는 유대인으로 독일 프랑크푸르트에서 태어났다. 어머니는 1938년 말에 시작된 '어린이 이송작전(유대인 어린이 1만 명을 독일에서 탈출시킨 작전)'에서 수천 명의 아이들과 함께 영국으로 보내지면서 부모를 잃었다고 한다.

나는 이런 내용들을 내가 쓴 다른 책에서는 단 한 번도 언급하지 않았다. 다른 책에 쓰기에는 적절하지도 않았고 관련성이 있는 것도 아니었기 때문이다. 그럼에도 이 책에서 이런 이야기를 언급하는 이유는, 이 책을 쓰게 된 가장 큰 동기가 내가 유대인 학살 생존자의 아들로 살아온 사람이라는 것에 기인하기 때문이다.

독실한 유대인 가족에서 태어난 나의 부모님은 히틀러로 인해 가혹한 시련을 겪어야 했다. 나의 부모님에게 제2차 세계대전은 여전히 끝나지 않았다. 그들은 그들이 겪어야 했던 끔찍한 상실과 비인간적인 만행을 잊지 못하고 있는 것이다.

지금까지 유대인 학살 생존자가 다음 세대에 미치는 영향에 대해 수많은 연구가 이뤄졌다. 나는 브롱크스의 작은 아파트에서 나오는 것조차 무서워했다. 밖에 도사리는 위험이 무서웠고 안전하지 않다는 두려움 때문에 집에서 멀리 떨어지려고 하지 않았다. 이것은 무척 괴로운 일이었지만, 나치를 피해 2년 동안 도망 다니면서 사람들을 믿지 못하게 된 아버지의 영향 때문에 생긴 버릇이었다.

나치를 피해 도망 다니던 기간 동안 아버지는 숲속의 동물처럼 겁먹은 채로 숨어 살아야 했다. 그러나 그렇게 숨어 살면서도 부자들의 음식을 훔쳐 유대인 빈민가에서 굶고 있는 사람들에게 전해 주곤 했다.

아버지가 겪고 목격한 잔인한 행위들은 평생 아버지를 괴롭혔다. 아버지는 형들과 함께 나치를 피해 도망치다가 동생이 총에 맞는 장면을 목격했다. 또한 수백 구의 유대인 시체가 공사장의 벽돌처럼 쌓여 독일군 트럭에 실려 가는 것을 여러 번 목격하기도 했다. 아버지가 느꼈을 슬픔은 이 모든 것을 직접 목격하지 않은 나의 가슴에도 깊이 새겨져 있다.

가장 슬픈 일은 청소년이었던 아버지가 남동생을 나치의 강제 수용소가 있는 아우슈비츠(Auschwitz)로 향하는 기차에 남겨두고 도망쳐야 했던 일이다. 다른 유대인들이 숨을 쉬기 위해 쓰던 작은 구멍을 통해 도망쳐야 했던 아버지는 남동생을 데리고 나올 수 없었던 것이다(아버지는 놀랍게도 이 기차를 포함하여 세 대의 기차에서 탈출해 살아남을 수 있었다).

유대인 학살은 이 책에 어울리는 주제가 아닐지도 모른다. 그러나 유대인 학살은 내가 항상 무의식적으로, 마음속 깊은 곳에서부터 느껴온 내 부모님의 아픔이자, 히틀러 정권아래 목숨을 읽은 수많은 선조들의 아픔이다. 그래서 나는 다른 사람의 존엄성에 큰 의미를 부여하고 존중하려고 노력한다. 타인의 존엄성을 존중하는 원칙을 어기는 사람에게 내가 민감한 이유 또한 이 트라우마에서 비롯된 것이다.

유대인 학살과 프란치스코 교황의 리더십에 관한 책을 쓰는 것이 서로 무슨 상관이 있는 걸까?

2013년의 3월, 하얀 연기가 바티칸(Vatican)의 하늘에 머물며 새로운 교황의 탄생을 알린 직후, 프란치스코(Francis)는 존중·존엄과 전 인류의 평등에 큰 가치를 두는 리더로서 반 히틀러(anti-Hitler)의 모습으로 부상하였다. 그는 20세기의 가장 악랄한 학살자에 대한 21세기의 해답인 것이다.

프란치스코 교황(Pope Francis)의 잘 알려진 강론 중 한

부분에서 반히틀러적 성향이 강하게 드러난다. "십계명 중 '살인하지 말라'는 계명이 인간의 가치 보호에 강력한 영향력을 행사하듯, 오늘날 우리는 불공평과 배척이 만연한 경제에 '그리하지 말라'는 경고의 메시지를 전해야 한다."

히틀러와 프란치스코 교황이 얼마나 상반되는지는 통계 수치를 통해서도 알 수 있다. 히틀러가 600만 명이 넘는 유대인을 학살했다는 것은 공공연히 알려진 사실이다. 반면에 프란치스코 교황이 로마에서 임기를 시작한 첫 해인 2013년 한 해 동안, 그의 행사와 미사에 600만 명이 넘는 사람들이 참여했다는 사실은 널리 알려져 있지 않다. 이 중 많은 사람들이 교황을 통해 가톨릭교회를 알게 된 새로운 신자이거나 교회로부터 멀어졌다가 다시 신자로서 믿음을 회복한 사람들이었다.

많은 사례들을 통해서 프란치스코 교황의 온전한 겸손과 인류애를 엿볼 수 있다. 교황이 되기 전의 호르헤 마리오 베르고글리오(Archbishop Jorge Mario Bergoglio, 프란치스코 교황의 본명)는 대주교였음에도 불구하고 어두운 밤에 부에노스아이레스(Buenos Aires) 시내로 나가 가난한 사람들을 돕곤 했다. 교황이 된 후 그는 한 대주교에게 이 일을 전담시켰다.

교황으로 선출되기 전, 선거 회의가 있는 동안 그는 저렴한 여관에 머물렀다.

새로운 교황으로 소개되는 공석에서 프란치스코는 전통적으로 교황들이 섰던 높은 연단에 올라서기를 거부했다. 추기경 티모시 돌란(Cardinal Timothy Dolan)의 말에 따르면 교황은, "나는 여기 아래에 서겠습니다"라고 말했다고 한다.

2013년 12월, 프란치스코 교황은 네 명의 노숙자를 그의 77세 생일잔치에 초대했다. 정치적인 이유로 보여주기식의 사진을 찍기 위해서가 아니었다. 교황은 진심으로 그들을 편한 친구로 여기고 있었다.

아르헨티나에서 보낸 대주교 재임기간 때와 마찬가지로, 교황으로서 맞이한 첫해에도 프란치스코는 겸손한 태도를 유지했다. 그러나 우리는 교황의 겸손한 행동들이 그의 전부라고 생각해서는 안 된다. 모든 유능한 지도자가 그렇듯이, 그도 여러 얼굴을 가지고 있다. 베르고글리오를 오랫동안 취재한 기자들에 의하면 교황은 뼛속까지 '타고난 정치가'인 동시에, 겸손한 행동에 가려진 대단한 지성인이라고 한다.

"그는 세상에 첫 발을 내딛은 순진한 처녀(ingenue)가 아니다"라고 말한 엘리사베타 피케(Elisabetta Pique)는 1990년대부터 베르고글리오를 알아왔다. 피케는 그녀의 저서 《프란치스코: 삶과 혁명(Francisco: Vida y Revolusion)》에서, 교황이 로마와 겪었던 불화에 대해 '그와 로마의 행정구의 대립은 거의 전쟁과도 같았다'고 설명한다.

다른 기자는 프란치스코가 일하는 방식을 '무자비하다'는 단어로 묘사했다.

〈롤링 스톤(Rolling Stone)〉의 표제기사를 담당하는 마크 비넬리(Mark Binelli)는 '베르고글리오는 은밀한 집행자의 모습을 보여준다. 그는 큰 목적을 위해서라면 독재자가 될 수도 있는 사람이다'라고 썼다.

프란치스코 교황은 확실히 노련한 수완가이다. 그는 이미 로마 행정구의 리더들 중 구시대적인 방식을 고수하는 이들을 해임시켰다. 가톨릭교회를 보다 포용적이고 인간 중심적인 종교로 만들기 위해서였다.

프란치스코 교황의 가장 잘 알려진 책인 《천국과 지상(On Heaven and Earth)》의 공동 집필자가 아르헨티나의 유명한 랍비(rabbi)이자 친구인 아브라함 스코르카(Abraham Skorka)인 것은 우연이 아니다. 베르고글리오와 스코르

카가 수년간 어떻게 '가톨릭교(Catholicism)와 유대교 (Judaism), 그리고 세상을 연결해왔는지'를 논한 이 책은 유명해질 수밖에 없었다.

다른 교황들과 다르게, 프란치스코는 교회의 극단적 보수주의자들마저 모든 사람을 포용할 수 있는 사람이 되기를 바란다. 그는 때로 죄수들의 발을 씻어주곤 하는데, 그 죄수 중에는 두 명의 여자도 있었다. 이는 교회에서 적지 않은 논란을 일으켰다. 그 어떤 교황도 여자의 발을 씻어준 적이 없었기 때문이다. 뿐만 아니라 교황은 피부를 덮은 종기 때문에 아무도 가까이 가지 않던 남자를 안아주기도 했다.

프란치스코 교황은 부의 과시와 낭비, 특히나 성직자 사이에서의 과시와 낭비를 경멸한다. 그는 자신의 신념을 행동으로 보여준다. 일례로, 한 독일 주교가 3,100만 유로(한화 약 450억 원)라는 막대한 금액을 들여 사치스러운 집을 지었다. 그 일은 2013년 말에 프란치스코 교황이 그 주교를 일시적으로 추방하는 계기가 되었다. 후에 이 '럭셔리 주교'에 대한 조사가 이루어졌고, 2014년 3월 말, 그는 교구에서 영원히 추방되었다.

프란치스코 교황은 가톨릭교회가 그런 사치스러운 사람을 위한 곳이 아니라고 생각했다. 특히 세계 곳곳에 큰 어려움에 처한 사람이 많은 이런 시기에 말이다. 프란치스코 교황의 한마디는 이러한 그의 세계관을 잘 보여준다.

"어떻게 나이든 노숙자가 길에서 얼어 죽는 것은 뉴스가 되지 않고, 증시가 2포인트 하락하는 것이 뉴스가 된단 말인가?"

이 한 문장이 '프란치스코 교황' 그 자체를 대변한다. 프란치스코 교황은 세상이 어디서부터 잘못되었는지, 우리

의 가치관이 어쩌다 이렇게 병들게 되었는지를 깨닫게 해
준다. 그가 고른 이름(아시시의 성 프란치스코를 따른 이
름)조차도 그가 사회의 가지지 못한 자들, 가장 아픈 사람
들과 가장 힘없는 사람들을 위한 교황이 되겠다는 공표
였다.

13세기 전반기에 살았던 아시시의 성 프란치스코는 자
연의 수호성인이다. 그는 아버지가 부자였음에도 불구하
고 가지고 있던 옷을 비롯한 모든 것을 버렸다. 그는 예수
님(Jesus)의 말씀을 따르기 위해 그가 가지고 있던 모든 것
을 그의 '속세의' 아버지에게 돌려주었다. 예수님의 '지갑
안의 금, 은과 동도 버려라. 여행가방과 신발도, 단 한 개의
지팡이도 지니지 말라'는 말씀을 따르기 위해서였다. 아시
시의 성 프란치스코가 살아있다면, 그도 지금의 프란치스
코 교황과 뜻을 함께 했을 것이다.

그러나 위에 언급한 노숙자와 다우존스지수(the Dow,

뉴욕 증시의 대표적인 주가지수)에 대한 프란치스코 교황의 한마디는 사실 양날의 검과 같다. 이는 프란치스코의 굳은 신념을 보여주는 한편 교황에 관련한 리더십 책을 쓰는 것이 어렵다는 것 또한 명백히 보여준다.

프란치스코는 반 자본가적(anticapitalistic)인 성향을 지적받아 왔지만, 반 산업적(anti-industry)이지는 않다. 그러나 그는 수천 명의 노동자들을 해고하면서 수십억의 이익을 내려는 대기업에게는 혹독한 비평가이다. 프란치스코는, "노동력 절감으로 이익을 늘리려는 것은 결국 실업자와 소외된 이들을 늘리는 것이다. 경제는 더 이상 이러한 '악순환의 독(new poison)'을 해결방안으로 받아들일 수 없다"며 이들을 비판했다.

그렇다면 우리는 교황의 이야기를 반 기업적(antibusiness)으로 받아들여야 할까? '소외된 사람(excluded)'에 대하여 언급한 위의 설교에서, 교황은 세상을 바꾸려고 노력하는 기업의 고귀함에 대해서도 언급한다. "기업, 특히 삶에서 더 큰 의미에 도전하는 사람들의 기업은 진정 고귀하다. 이들은 진정으로 공익적인 삶을 살 수 있다. 이 세상에 좋은 것을 늘리고 그것들을 모든 사람들이 쉽게 접할 수 있는 기회를 제공할 수 있는 것이다. (중략) 나는 확신한다. 역사의 중요한 변화는 현실을 중심에서 보지 않고 변두리에서 관망할 때 이뤄졌다."

위와 같은 기업의 고귀함에 대한 교황의 언급을 보아, 교황의 반 기업적 성향을 비판하는 전문가들은 극단적이거나 불완전하고 때로는 아주 잘못되었다고 말하기도 한다. 프란치스코는 반 기업적이지는 않다. 그러나 그는 확실히 탐욕을 반대하고, 더 정확하게 말하자면 소득불평등을 반대한다.

프란치스코 교황은 점차 만연하는 소득불평등 문제의 근본적인 이유에 대해 열변한다. "보이지는 않지만 우리에게는 새로운 폭군이 생긴 것이다. 그는 일방적이고 무자비하게 자신의 법률과 규칙을 강요한다. (중략) 힘과 소유에 대한 갈망은 끝이 없다. 이 폭군은 이익이 늘어나는 것을 방해하는 모든 것을 삼켜버리는 시스템이다. 신격화된 시장의 욕심 앞에서 자연같이 연약한 것은 무방비 상태일 수밖에 없는 것이다. 결국 이 폭군이 유일한 법이 된다."

힘과 소유에 대한 갈망을 거부하는 것은 프란치스코 교황이 비싼 차를 모는 성직자를 꾸짖는 이유 중 하나다. 그는 그 비싼 차 대신 중고차를 사고, 남는 돈을 배고프고 집이 없는 아이들에게 기부하라고 충고한다.

가난한 사람들을 보살피려는 그의 갈망은 확실히 가치 있는 목표이다. 한 통계가 이를 뒷받침한다. 2014년 전반기에 옥스팜(Oxfam, 90개 이상의 나라에서 활동하는 반빈곤 단체)이 믿기 어려운 사실을 폭로했다. 세계 상위 부자 85명이 나머지 35억 명의 사람들이 가진 재산을 모두 합친 것보다 많은 부를 축적했다는 것이다. 1퍼센트의 부자가 46퍼센트(인구의 거의 절반)의 재산을 지배한다는 것이다. 이런 숫자 앞에서, 교황이 부자들에게 조금 더 많이 나누기를 바라는 것을 누가 뭐라 할 수 있을까?

이 통계를 감안하더라도, 프란치스코 같은 경제적 수평을 목표로 하는 인물을 소재로 유용하고 신뢰할 만한 비즈니스 책을 쓰는 것은 여전히 어렵다. 그러나 이 책은 단순한 비즈니스 관련 도서가 아니라 '리더십'에 관한 책이다. 이 책에서 쓰이는 리더십의 정의는 아래와 같다.

'리더십이란 자신의 비전을 명확히 설명하고 다른 사람들이 이를 수행할 수 있도록 하는 능력이다.'

아이러니하게도 이 정의는 세계에서 가장 크고 오래된 기업 중 하나를 리드하고, 12만 5,000명 이상의 노동자들을 해고해 온 제네럴 일렉트릭(General Electric)의 전 CEO

인 잭 웰치(Jack Welch)가 지지해 온 것이다(잭 웰치는 〈포춘〉 선정 '세기의 CEO'로 임명되었으며 내가 저술한 몇 권의 책의 대상이기도 하다).

잭 웰치와 프란치스코 교황은 많은 것에 상반되는 의견을 가지고 있겠지만, 몇 가지 중요한 리더십 원칙에는 동의할 것이다. 예를 들자면, 웰치는 자신의 100억 달러 기업을 동네 구멍가게에 비교하기를 좋아했다. 그는 사원들이 선반 위의 제품과 고객의 이름을 친밀하게 그리고 확실하게 알고 있기를 바랐다.

웰치와 프란치스코 교황은 다음의 중요한 비즈니스 원칙에도 동의할 것이다.

'유능한 지도자의 특징 중 하나는 그들이 먼저 모범을 보임으로써 사람들을 리드한다는 것이다.'

프란치스코 교황은 이 부분에서 크게 두각을 나타낸다. 그는 이전의 그 어떤 교황보다도 소박한 삶을 산다. 그가 '적당한' 차라고 부르는 작은 소형차를 몰면서 말이다. 교황이 되기 전, 그가 대중교통수단을 이용하고 부에노스아이레스의 소박한 연립주택에 살았던 것은 잘 알려진 사실이다. 교황이 된 후, 그는 교황 옥좌(교황이 앉는 특별한 의자)를 바티칸에서 없애버리고 화려한 교황숙소가 아닌 방 2개짜리 아파트에서 살기를 원했다. 프란치스코는 항상 자신보다 타인을 생각하고, 자신의 리더십 역할을 '종의 역할'로 받아들인다. "봉사가 진정한 힘이라는 것을 잊지 말라"는 취임 미사의 설교는 이와 같은 의지를 공표한 것이다. 때문에 '봉사'는 이 책에서 자주 등장하는 소재일 수밖에 없다.

본론으로 들어가기 전에, 교회의 리더십을 기업이나 비영리단체의 리더십과 비교하여 책을 쓰는 것은 내가 처음이 아님을 알린다. 피터 드러커(Peter Drucker)의 《현대 경영학의 아버지(the father of modern management)》는 이런 도서의 시초였다.

1946년도에 드러커가 첫 대규모 연구에 근거하여 쓴 책, 《기업의 개념》은 현대 비즈니스 도서의 조상격으로 출간된 지 오랜 시간이 흘렀지만 책에 수록된 많은 아이디어는 현대에 이르러서도 의미를 가진다. 드러커는 이렇게 말했다. '어떤 사회든지 사회적 목적과 전혀 연관 없는 기관을 필요로 한다. 인류의 생존을 목적으로 하는 가족이 그런 기관의 예이다. 이 단체는 사회에 의해 좌우되지 않고, 오히려 사회를 구성하는 조건이 된다. 교회도 마찬가지다. 교회는 이 세상의 것을 중요시 하지 않기 때문에(교회의 목적은 세속적인 것에 있지 않기 때문에) 사회의 지배를 초월한다.'

드러커는 여기에 프란치스코 교황이 할 법한 이야기를 덧붙였다. '만약 어떤 사회 기관이 그 사회의 기초 윤리 목적의 달성을 어렵게 하거나 불가능하게 한다면, 이는 심각한 정치적 위기를 초래할 것이다. (중략) 많은 사람들은 기회의 평등이 인간 존엄성의 상태, 기능과 특별히 연관되어 있다는 사실을 간과한다.'

프란치스코 교황도 이와 비슷한 이야기를 했던 적이 있다. '정부와 금융권의 리더들은 좀 더 멀리 볼 수 있도록 노력해야만 한다. 그들은 모든 사람들이 떳떳한 직업, 교육, 그리고 의료시설을 가질 수 있도록 노력해야 한다.'

프란치스코 교황은 또한 변화하는 사회에 대하여 이렇게 말했다. '새로운 신념과 사고방식을 동반하지 않은 변화는 언젠가 부패하여 억압적이고 비효율적인 결과를 초래할 것이다.'

드러커도 그의 책 《대변화 시대의 경영(Managing in a Time of Great Change)》에서 변화하는 사회 구조에 대하여 언급 했다. '사회의 구조적인 변화에 단기간 안에 맞서기는 물론 어렵지만, 만약 장기적으로도 대처하지 못한다면 그것은 한 줄기의 희망이 보이지 않을 정도로 비관적이다. 어떤 사회 구조의 경향이 감소하거나 바뀔 때, 이전의 방식을 고집하는 사람들은 파멸에 직면할 수밖에 없다.' 그러면서 덧붙였다. '재산 생산력의 엄청난 증가량은 현재 여가, 의료시설과 교육에 쓰이고 있다.'

다시 프란치스코 교황으로 돌아와 그의 이야기를 들어보자. '교회가 요구하는 구조적인 변화를 말하자면 이러하다. 이 변화는, 목회활동을 전도 중심으로, 사회의 모든 단계에서 보다 포용적이고 개방된 상태로 이루어질 수 있게 만드는 노력의 일환으로 이해될 수 있는 것이다.'

2014년 초에 프란치스코는 세계 지도자들을 스위스 다보스(Davos, Switzerland)에 모이게 했다. 그들이 세계 질서에 기여할 수 있는 역할이 무엇인지 논의하기 위해서였다. 교황은 이들에게 이렇게 말했다. "부(富)가 인류를 지배하기보다는, 인류를 도울 수 있도록 해 주시오."

드러커의 많은 글이 오늘날 프란치스코 교황의 생각과 믿음을 이렇게 잘 표현할 수 있다는 것은 놀라운 일이다. 이 두 사람은 특히 '겸손함'에 있어서 닮은 점이 많다. 두 남자 모두 자신을 내세우지 않고 분수에 맞는 생활을 하는, 탁월한 사상가들이다. 그들은 다소 격식 있는 문체를 쓰는 것조차 비슷하다.

사실 20세기 말의 위대한 CEO 대다수를 탐구해 온 나도, 기업과 부(富)의 범세계적인 특성에 대해 프란치스코 교황보다 통찰력 있게 집필한 사람은 알지 못한다. 이것이 바로 교황의 말과 행동이 중요한 의미를 갖는 이유이다.

일례로, 2008~2009년의 불황을 국제적인 위기인 소득 불평등 증가의 배경에서 살펴본다면, 어떤 사람들은 아직도 자유 시장에서의 경제 성장이 정의를 실현하고 모든 계층을 포괄할 것이라는 '낙수이론(trickle-down theory)'을 옹호하는데, 이에 반대하는 교황의 의견에 이의를 제기하기는 어렵다.

"종교인의 사명은 세상의 그릇된 점을 지적하는 것이다. 종교인 자신이 약한 죄인이라 해도 그의 지적이 무의미해지지 않는다. 그는 오히려 모두를 위하여 더 강력하게 지적하고 설교해야 한다." 프란치스코 교황이 이런 말을 했다는 점을 고려해보면, 그는 자신이 약한 '죄인'이라고 생각할지 모른다. 그러나 그는 두말할 것도 없이 적절한 시기에 적절한 사명을 갖고 혜성처럼 등장한 사람이다. 이는 마치 겸손하지만 누구보다 뛰어난 능력을 가진 프란치스코를 위하여 신이 준비해 놓은 운명과도 같다.

이제 이 책을 위한 가정과 접근방식을 소개하려한다. 나는 비록 프란치스코 교황이 간절히 원한 것은 수입의 평등이었으나, 그의 가르침과 행동은 조직의 크기, 종류, 환경이나 상황에 관계없이 어디에서든 다른 사람들을 리드하는 데 많은 도움이 될 것이라 생각했다.

이 책의 접근 방식 또한 중요하다. 이 책은 분명히 프란치스코 교황에 관한 책이지, 프란치스코 교황이 쓴 책은 아니다. 따라서 이 책의 내용에 관한 책임은 나에게 있는 것이다. 애초에 이 책은 내가 프란치스코 교황의 말과 행동을 분석한 결과물이다.

마지막으로 나는 가톨릭교회의 신학자도, 전문가도 아니다. 나는 20세기와 21세기 최고의 리더들을 인터뷰하고 탐구해 온 리더십 전문가다. 프란치스코 교황에 대한 나의 견해는 가톨릭교회나 신학자의 시각과 다르다. 그의 삶과 설교에서 드러난 원칙들 중 리더십에 관련된 것들을 분별하기 위해서 나는 좀 더 세속적인 눈으로 그를 바라보았다.

프란치스코가 가톨릭을 좀 더 포용적이고 따뜻한, 능동적인 종교로 만들기 위해 선택한 방법은 나를 놀라게 했다. 예를 들자면, 2014년 3월 말, 중동을 방문 한 후 탑승한 교황 전용 비행기 안에서, 프란치스코는 기자들에게 "육체적 순결은 교회의 확고한 교리가 아니므로 교회의 문은 언제나 열려있다"고 말했다. 이 책을 읽는 내내, 당신은 프란치스코 교황이 얼마나 많은 사회적 이슈(이혼이나 성소수자, 시민단체 등)에 '문을 여는'지 알게 될 것이다. 이러한 그의 공표들은 교회의 보수파를 들끓게 만들었지만 동시에 대주교 베르고글리오를 프란치스코 교황으로 만들었다. 그의 여정은 겸손함과 존엄성, 그리고 용기로 가득 차 있다.

Contents

프롤로그 **4**

서문 베르고글리오에서 프란치스코로 **31**

1 겸손으로 리드하라 **45**

2 당신의 조직에 녹아들어라 **65**

3 함부로 재단하지 말라 **85**

4 바꾸지 말고 재창조하라 **105**

5 포용을 최우선시하라 **131**

6 편협성을 피하라 **153**

7 실용주의를 선택하라 **171**

8 의사결정에는 안목이 필요하다 **187**

9 야전병원과 같은 조직을 경영하라 **209**

10 구별된 선구자의 삶 **225**

11 역경을 직시하라 **243**

12 공평한 관심을 표하라 **261**

감사의 말 **277**

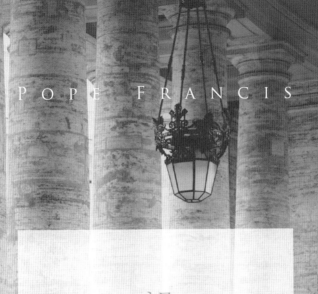

서문

베르고글리오에서
프란치스코로

베르고글리오에서 프란치스코로

2013년 3월, 수천 명의 사람들이 교황 프란치스코 (Pope Francis)의 취임식을 위해 성 베드로 광장(St. Peter's Square)을 가득 채웠다. 이날 이래로, 아르헨티나 예수회 신부였던 그는 이전의 그 어떤 교황과도 다른 방식으로 교황으로서의 자신의 존재를 증명해왔다. 신실한 가톨릭 교인들뿐 아니라 신앙을 잃은 교인들, 다른 교파와 종교인들, 정치 지도자와 언론매체의 권위자들까지도 이 겸손한 남자에게 매혹되었다.

호르헤 마리오 베르고글리오(기원 741년 이후 처음으로 교황자리에 오른 비 유럽국가 출신)가 교황 베네딕토 16세(Pope Benedic XVI)의 후임자로 결정된 것은 사실 믿기 어려운 일이었다. 많은 사람들이 이탈리아인이나 미국인, 아니면 좀 더 보수적인 사람이 교황으로 선출될 것이라고 생각했기 때문이다. 그렇다 하더라도, 예수회의 아르헨티나 관구장(Argentina's Provincial Superior of the Society of Jesus)의 로마 가톨릭교구와 절대적 독립국인 바티칸 시국의 추기경(Bishop of Rome and absolute Soverign of the Vatican City State)으로의 승격은, 많은 이들을 기쁘게 했다. 실제로, 〈타임〉이 프란치스코 교황을 2013년 올해의 인물로 설정한 직후 ABC와 〈워싱턴포스트〉에서 여론조사를 실시했는데, 이 조사에 의하면 '가톨릭교인의 92퍼센트가 프란치스코 교황에 대해 호의적 감정으로 가지고 있고, 이는 그해 초 베네딕토 교황에 대한 여론조사 결과보다 16퍼센트 포인트가 높은 것'이었다.

왜 이렇게 많은 사람들이 이 리더에게 주목하는 것일까? 그것은 어쩌면 그가 살아가는 방식과 리더로서의 모습에서 묻어나는 겸손함 때문일 수도 있고, 그가 지위나 신분에 관계없이 모든 사람에게 보이는 진심 어린 배려 때문일지도 모른다. 혹은 교회가 신자들과 멀어졌다고 비난 받는 이 시대에 그가 몸소 성실과 검소를 실천하는 모습을 보였기 때문일 수도 있다.

뿐만 아니라, 프란치스코 교황은 단순히 기관을 이끄는 대표자로서가 아닌 진정 사람의 마음을 이끄는 리더의 모습을 보여준다. 최첨단 기계로 둘러싸여 인간미 없는 직장이 늘어나는 요즘 시대에, 안타깝게도 이러한 리더의 자질을 알고 이해하는 사람은 거의 없다. 우리는 리더십의 부재를 겪는 시대에 살고 있다. 오늘날의 대기업에서 몸소 긍정적이고 효과적인 리더십을 보여주는 리더들은 거의 없다. 수십 년 전과는 달리 우리는 제대로 된 리더십을 거의 접하지 못했다. 프란치스코 교황이 진정한 리더의 모습을 행동으로 보여주기 전까지는 말이다.

대다수의 사람들은 프란치스코와 같은 리더십을 가까이 본 적이 거의 없다. 그는 항상 자신을 '죄인'이라고 부르고 누구에게도 완벽함을 요구하지 않는다. "내가 무슨 권리로 뭐라 하겠습니까(Who am I to judge)?"는 그를 대표하는 '다섯 단어'가 되었다. 이 다섯 단어를 통하여 그가 신자와 비신자, 그리고 결함투성이인 사람까지도 너그럽게 받아들인다는 사실을 알 수 있다.

리더십은 완벽함에 대한 것이 아니다. 리더십은 새로운 비전을 가지고 다른 사람들이 그 비전을 따를 수 있게 하는 것이다. 그런 점에서 프란치스코 교황은 놀라울 만큼 성공적이다. 피터 드러커(Peter Drucker)가 살아있다면, 그는 교황을 '천부적(natural) 리더', 또는 '타고난(born) 리더'라고 불렀을 것이다.

세계의 언론이 프란치스코 교황의 새로운 리더십에 집중하고 있다. 교황은 '아름답게 쓴' 편지를 보낸 청년에게 직접 전화를 걸어 편지에 대해 감사를 표현하고 그 청년의 의견에 대해 토론을 나누었다. 또 새해 전야에 수녀들의 축전에 나타나 그의 등장에 놀란 수녀들과도 대화를 나눈다. 이뿐인가. 그는 교황 리무진으로 친구를 태워주기도 한다. 이 겸손하고 경건한 남자는 진실한 태도와 실천을 보여주며, 대중들도 훌륭한 리더를 꿈꿀 수 있도록 좋은 본보기가 된다. 국회에서나 직장 어디에서도 믿고 의지할 만한 리더를 찾기 힘든 이 시대에, 이런 그의 행적들은 특히 주목할 가치가 있다. 이것이 내가 이 책을 쓰게 된 이유다.

프란치스코 교황에게서 본받을 점들은 너무나도 많다. 그리고 그의 교황 임기가 끝날 때까지 더 많은 사례가 생겨날 것이다.

그는 제한적인 과거에서 벗어나 새로운 균형을 찾기 위한 혁신적인 방법을 찾아낸다. 그는 모든 '고용인'들과 소통하기 위해 임의로 전화(cold-calling)를 걸기도 하고, 약자들을 포함한 모든 하느님의 피조물을 수용하고, 모두가 번영할 수 있는 환경을 만들기 위해 노력한다. 또한 교회를 떠난 사람들과 다시 소통하기 위하여 그들의 의견과 요구에 귀 기울이고 배려하려 한다. 그는 자신의 의견을 내세워 성급한 판단을 내리지 않고, 다른 사람의 조언에 귀 기울여 최선의 결정을 내린다. 이것이 바로 오늘날 찾기 힘든, 그러나 절실히 필요한, 진정한 리더십인 것이다.

타고난 리더로서, 프란치스코 교황은 나를 포함한 수백만 명의 사람들을 매료시켰다. 다시 한 번 말하지만, 나는 신자도, 신학자도 아니다. 그러나 이 교황은 말로 표현할 수 없을 정도로 나를 감동시켰다. 그 어떤 인물도 나를 이만큼 매료시킨 적은 없었다. 그는 변화를 무서워하기는커녕 갈망하며, 현 상태를 뒤엎는 것도, 파괴적 혁신도 두려워하지 않는다. 그의 이런 면모들은 실로 유능한 리더들의 특성에 속해있기도 하다.

프란치스코 교황은 위대한 지도자이다. 시간이 지날수록 더 강력해지는 탁월한 지도자다. 그가 지나치게 혁신적인지 아니면 보수적인지는 신학자들과 정치 전문가들, 그리고 수백만 명의 신자들이 앞으로 계속 지켜보며 판단해야 할 것이다. 그러나 그가 유능한 리더라는 사실에는 논란의 여지가 없다. 그가 인류를 위한 자이며 리더 중의 리더임은 명백하다. 그가 만약 사업을 했다면 그는 기업을 설립하고 변화시킨 리더들과 어깨를 나란히 했을 것이다. 빌 게이츠(Bill Gates, 마이크로 소프트의 CEO), 잭 웰치(Jack Welch, 제너럴일렉트릭의 CEO), 스티브 잡스(Steve Jobs, 애플사의 CEO), 앤디 그로브(Andy Grove, 인텔사의 CEO), 그리고 샘 월튼(Sam Walton, 월마트의 CEO) 같은 사람들 말이다.

야심찬 리더의 리더십을 배우려는 학생들은 모두 이 특별한 남자에게 많은 것을 배울 수 있다. 그의 가르침은 사회 각계각층에서 적용될 수 있지만 특히 비즈니스에서, 사람들을 이끄는 리더십을 위해 필요한 교훈들이다.

호르헤 마리오 베르고글리오는 누구인가?

그는 자신을 '탁월한 리더'나 '타고난 리더'라고 말하지는 않겠지만(그런 자찬은 예수교 신부로서 단련된 그의 성향에 벗어나는 행동이다), 교황이 되기 전에도 항상 타인을 배려하면서도 효율적인 리더십을 실천하며 살았다.

호르헤 마리오 베르고글리오는 어린 시절(1936년 12월 17일 부에노스아이레스에서 출생) 의사나 약사가 꿈이었다. 그러던 어느 여름날, 17살이었던 베르고글리오는 고해성사를 하기 위해 교회를 찾았고, 그날이 베르고글리오 인생의 전환점이 되었다. 그의 고해성사를 들어준 신부에게 매료된 그는 자신의 목표를 다시 설정하기로 결정했다. 그는 그 시각, 그 신부를 통해, 그 교회 안에서 하느님이 자신을 부르는 것을 느꼈다. 그는 그 부르심을 따랐다.

나이트클럽 기도, 수위, 화학 기술자, 문학 선생까지 다소 독특한 이력을 거쳐, 베르고글리오는 부에노스아이레스의 비야데보또(Villa Devoto) 대주교 관할구 신학대학인 인마쿨라다 콘셉시온 신학대학(Inmaculada Concepcion Seminary)에 입학했다.

1958년 3월, 그는 예수회의 수사가 되었다. 사제직의 긴 여행길에 들어선 것이다. 그가 사제가 되기까지는 11년 이상이 걸렸다.

그후 수년간, 베르고글리오 신부는 철학과 신학을 공부했고 제3수련기(예수회의 최종 서원하기 전의 엄격한 수련 기간)를 마친 후 1973년 4월에 영원의 서약을 했다. 그는 1979년까지 예수회 아르헨티나 관구장(provincial superior of the Society of Jesus in Argentina)을 맡았다.

1980년부터 1986년까지 베르고글리오 신부는 아르헨티나 산 미구엘 철학신학대학 학장(rector of the Philosophical and Theological Faculty of San Miguel)으로, 아르헨티나의 모든 예수회를 관리하였다. 6년의 임기가 끝난 후, 예수회의 전통에 따라, 베르고글리오의 후임이 그를 새로운 자리에 임명했다. 베르고글리오에게는 코르도바(Cordoba)에서 예비 성직자(trainee) 교육을 담당하는 일이 주어졌다. 이것은 이력상으로는 사실 한 보 뒷걸음질 한 것과 같았다.

그러나 다른 사람들이 실패라고 생각했을 일들을 호르헤 마리오 베르고글리오는 달게 받아들였다. 그는 그 새로운 직책을 원치 않던 역경이라고 여기기보다 그가 이끌게 될 사람들에 대해 배울 수 있는 기회로 간주했다. 자신에 대해서, 그리고 하느님과의 관계에 대해 더 알 수 있는 기회로 여긴 것이다. 그는 그 자리를 좌천이라 여기지 않고, 단순히 교회에 더 공헌할 수 있는 하나의 방법으로 받아들였다.

많은 사람들이 이 새로운 직책을 경력에 큰 결점이라고 생각할 수 있지만, 이 변화는 결과적으로 베르고글리오가 로마로 가는 경로를 방해하지 못했다. 바티칸에서 일하는 것이 그가 궁극적으로 원하던 것도 아니었지만 말이다. 교황이 되기를 원하는 것 자체가 예수회 규칙에서 어긋난다. 실제 프란치스코 교황은 자신이 로마의 주교가 되는 것을 바라지 않았던 점을 인정했다. 2013년 6월에 그는 학생들과 나눈 강의에서 "아니오, 나는 교황이 되기를 원치 않았습니다. 괜찮을까요?"라고 말했다.

그럼에도 불구하고 베르고글리오가 감당해야 할 직책은 위를 향해 뻗어나갔다. 1992년, 그는 부에노스아이레스의 보좌주교로 수품 받았다. 6년 뒤, 그는 부에노스아이레스 대교구장이 되어 그곳에 새로운 교구를 만들고 행정기관을 재정비하였다. 2005년에 그는 아르헨티나 주교 회의(Argentine Episcopal Conference) 의장으로 선출되었고 2008년에 재당선되어 3년의 임기를 거쳤다. 이후 그는 이 회의의 상임 이사로 남아있다.

이 시기에 베르고글리오는 70대였다. 20세기 말부터 21세기 초에 걸쳐 교회에서 일한 것이다. 이 기간 동안, 그는 버스를 타고 출근하기 좋아하는 겸손한 사람으로 알려졌다. 그는 농장에서 일하며 장화에 먼지와 흙을 잔뜩 묻히고 다녔고, 신자와 비신자 모두와 만나기 위해 빈민촌을 방문하고 다녔다. 당시에 그는 종교와 정치에 상관없이 사회 각계각층의 모든 사람들과 정중하고 솔직한 대화를 중요시하는 리더로 인정받았다.

2011년의 12월, 베르고글리오 가톨릭 대주교는 75세 생일에 사임해야 한다는 가톨릭교회법(Canon Law)에 따라 교황 베네딕토 16세에게 자신의 사임 의사를 알렸다. 그러나 교회는 그가 은퇴하게 두지 않았다.

2013년 3월, 베르고글리오는 예수회 수사가 된 후 약 53년 만에 교황으로 선출되었다. 이제 그는 프란치스코 교황으로서, 논란으로 가득 차 변화가 절실히 필요한 교회와 1억 2,000만 가톨릭 신자의 리더가 된 것이다. 그러나 전례 없는 리더십을 보여준 그의 과거 행적들은 그는 이미 리더로서 성장할 충분한 가능성이 있었음을 시사한다. 예를 들자면, 2014년 5월 말에 중동을 여행하던 중, 프란치스코 교황은 팔레스타인(Palestine)과 이스라엘(Israel)의 대통령들을 함께 '기도하기 위해' 바티칸에 초대했다.

이 초대는 미국의 중재로 시행된 두 나라의 평화회담이 실패한 지 몇 주 되지 않은 시기에 이루어졌다. 두 리더는 모두 이 초대를 받아들였고, 이것이 어떤 결과를 낳을지는 앞으로 두고 봐야 할 일이다. 그러나 결과에 상관없이, 이 사례는 프란치스코 교황만의 '전례 없는' 리더십을 확연히 보여준다.

POPE FRANCIS

1

겸손으로
리드하라

최근에 〈하버드 비즈니스 리뷰(Harvard Business Review)〉의 블로그에 다음과 같은 글이 올라왔다. '대량의 책, 논문, 연구들이 자만의 위험성에 대해서 경고하고 있다.' 이 글은 날카롭게 덧붙였다. '하지만 겸손의 중요성이 리더십 개발 프로그램에서 무시되고 있다.' 어쩌면 겸손은 지도자를 방해한다는 견해와, 구속 받기 싫어하는 강력하고 독자적인 리더들 덕에 이런 현상이 발생하는 것일지도 모른다. 심지어 일부 지도자들은 자신이 이미 충분히 겸손하다고 믿고, 겸손함을 배우고 개발하지 않아도 된다고 생각하기도 한다. 그리고 많은 사람들은 성실이나 성격처럼 겸손도 타고나는 것이기 때문에 가르치거나 배울 수 없는 것이라고 생각한다. 사람이 겸손한지 아닌지는 태어날 때부터 정해져 있으며, 겸손에 관련된 책을 읽는 것이 사람의 '겸손지수'를 높인다고 생각하지 않는 것이다.

프란치스코 교황은 이 모든 말에 동의하지 않을 것이다. 그는 진실한 겸손이 그 어떤 리더십의 특성보다 리더를 강하게 만든다고 믿는다. 교황이 되기 전에, 베르고글리오는 "진실로 겸손한 태도를 배운다면, 우리는 세상을 바꿀 수 있다"고 말했다. 그는 누구나 조금 더 겸손해지는 법을 배울 수 있으며, 그 누구도 지나칠 정도로 완벽하게 겸손할 수는 없다는 점을 알리려 항상 노력한다. 이런 노력을 통해, 그는 우리가 지도자를 평가하는 기준을 바꾸어 버렸다.

모든 것을 바꾸는 겸손함

프란치스코 교황은 선출되기 이미 오래 전부터 바티칸 문화를 바꿀 결심을 했다. 그 일이 몇 년이 걸릴지는 장담할 수 없었음에도 말이다. 그는 그의 유명한 설교에서 바티칸이 가진 문제에 대해 다음과 같이 설명한다. "현재 우리의 문화는 외양을 우선시합니다. 그것은 직관적이며 가시적이고, 즉각적이며 피상적인 동시에 일시적인 것들입니다. 그러나 본질적인 것은 겉모습에 가려 보이지 않습니다." 이처럼 프란치스코 교황은 오늘날의 사회가 물질적인 가치, 즉 '가시적', '직관적', 그리고 '피상적'인 것들에 너무 치우치고 있다고 생각했다. 이는 확실히 그가 바라고 계획하는 세상과는 거리가 멀었다.

프란치스코 교황은 겸손과 풍요로운 삶은 서로 양립할 수 없다고 말해왔다. "우리는 머리부터 발끝까지 자기 자신을 진심으로 낮추고 겸손해져야만 합니다." 프란치스코는 그가 추구하던 문화적 변화를 달성하기 위해서 자기 자신부터 사제로서 명백한 본보기가 되어야 한다는 것을 알았다. 환영이 아닌 실제를 사랑하며 형식보다는 본질에 가치를 두고, 부유한 자보다는 가난한 자들을 돌보는 사제여야 한다고 생각한 것이다.

이렇게 그는 어느 누구보다도 겸손한 교황으로 사람들 앞에 섰다. 프란치스코가 교황으로 선출된 지 하루 뒤, 한 리포터는 그가 선출된 순간을 다음과 같이 묘사했다. '프란치스코 교황의 겸손함은 이미 전설이 되어가고 있다. 그는 교황으로서 첫 설교에 나서는 순간에도 다른 추기경들보다 높은 연단에 서기를 거부하고 그들과 같은 눈높이에 설 것을 요청했다. 그곳에서 그는 이렇게 말했다. "나는 여기 아래에 서 있겠습니다"라고. 그리고 일반인을 대상으로 예배를 주관하기 직전 다른 사제에게 자기 자신을 위한 기도를 부탁하기도 했는데, 이것 역시 전통을 깨는 일이었다.'

　이렇게 작은 행동에서도 그는 늘 겸손함을 잃지 않았다. 하지만 그의 행동의 목적이 단지 겸손함을 표현하기 위한 것은 아니었다. 프란치스코 교황은 세상 사람들이 자신을 그들보다 높은 위치에 선 특별한 자로 생각하지 않기를 바랐다. 그는 비종교인을 포함하여 어느 누구와 비교해도 자신이 우월하지 않다고 믿었다. 젊은 시절 프란치스코 교황은 모든 인간은 위대하며, 그러므로 모든 인간을 존경과 존엄으로 대해야 한다고 설파했다. "종교인으로서 나는, 내가 가진 모든 것들이 신이 주신 선물이라고 생각합니다. 하지만 무신론자인 사람들에게는 이것이 믿기 어려운 사실이라는 것도 알고 있습니다. 나는 그들의 의견을 존중하면서도 그저 내가 믿는 것을 행할 뿐입니다. 앎이 있는 곳에서 우리는 존경과 애정, 그리고 우정을 볼 수 있습니다. 내게는 믿지 않는 자들의 옳고 그름을 판단할 권리가 없습니다. 모든 인간은 자기 자신만의 미덕과 장점, 그리고 위대함을 갖고 있기 때문입니다."

교황으로서 프란치스코가 보여준 초기의 행보는 몇 가지 중요한 리더십의 교훈을 던져준다. 당신이 리더로서 사람들을 이끄는 행운을 가지게 되었다면 절대로 그 지위를 사적으로 남용하지 않도록 해야 한다. 부하직원들과 다른 동료직원들에게 당신이 그들보다 우위에 서 있다는 사실을 상기시키지 않도록 주의를 기울여야 한다. 그것은 전망 좋은 개인 집무실이 아닌 다른 직원들과 같은 사무실에서 일하는 것에서부터 시작할 수 있다. 세계의 성공적인 지도자들이 이미 이와 같은 조언을 그대로 따르고 있다.

〈포브스〉에 따르면, 호화스러운 집무실 대신 다른 직원들과 동등한 칸막이 사무실을 선택한 CEO의 행동은 직원들에게 강력한 본보기가 된다고 한다. CEO의 그런 행동은 '나는 직원들보다 높은 위치에 있지 않다. 나는 그저 직원들 중 한 사람일 뿐이며 나 역시 실수를 하고, 화가 날 때도 있으며, 여러분과 똑같은 삶을 살고 있다'라는 사실을 보여준다.

〈포브스〉의 칼럼니스트 헬렌 코스테르(Helen Coster)는 한 경영 컨설팅사의 회장 에이프릴 칼리스(April Callis)의 예를 언급하며 '칸막이 전략'을 다음과 같이 설명한다.

'CEO의 목표가 직원들에게 회장인 자신을 팀의 일부로 받아들이게 하는 것이라면, 그들과 함께 칸막이 사무실에서 일하는 것은 그것을 증명할 훌륭한 방법이다. 직원들과 함께 일하며 당신은 고급 집무실에 앉아 전에는 그저 놓쳐버렸던 것들을 듣게 될 것이다. 칸막이 사무실에서 근무하는 것은 강한 현실감을 맛보게 해줄 것이다.'

세계적인 온라인 경매 업체 이베이(eBay)의 전(前) 최고경영자인 맥 휘트먼(Meg Whitman)은 미국 캘리포니아 주의 새너제이에서 본사를 운영할 당시 실제로 작은 칸막이 책상을 사용했다. 온라인 여행업체 트레블로시티(Travelocity)의 경영자 미셸 펠루소(Michelle Peluso) 역시 같은 전략을 취했다. 세계 최대의 온라인 신발 쇼핑몰 자포스(Zappos)의 최고 경영자 토니 셰이(Tony Hsieh)는 칸막이 사무실에서 일하는 것에서 나아가 회사에 방문하는 모든 이에게 자신의 자리가 보일 수 있도록 했다. 투자 리서치 기업 모닝스타(Morningstar)의 모든 책상들은 일렬로 배치되어 있다. 그리고 CEO의 자리도 다른 직원들 자리 옆에 나란히 놓여있다. 전(前) 뉴욕 시장 마이클 블룸버그(Michael Bloomberg)는 억만장자임에도 불구하고 일을 할 때면 다른 이들과 동등한 칸막이 사무실을 사용한다.

이외에도 참된 겸손함을 보여주기 위해 리더로서 실천할 수 있는 몇 가지 방법들이 있다. 자신의 임금을 낮추는 것도 하나의 방법이다. 회사 운영이 잘될 경우, 수만 달러의 스톡옵션을 배당받는 조건으로 단지 1달러를 연봉으로 받는 리더들이 점차 늘어나고 있다. 1달러의 연봉은 직원들에게 다음과 같은 중요한 메시지를 전한다. '우리 모두가 성공하지 못한다면 최고경영자인 나는 높은 급여를 받을 자격이 없다.' 오라클(Oracle)의 최고경영자 래리 엘리슨(Larry Ellison), 구글(Google)의 창립자 세르게이 브린(Sergey Brin)과 최고경영자 래리 페이지(Larry Page)와 에릭 슈미트(Eric Schmidt), 홀푸드마켓(Whole Foods)의 존 매키(John Mackey), 그리고 페이스북(Facebook) 설립자이자 최고경영자인 마크 주커버그(Mark Zuckerberg) 등이 바로 연봉 1달러를 실천하는 기업가들이다. 그 외에 인물로는 IT회사 인포시스(Infosys)의 공동설립자 나라야나 무르티(N. R. Narayana Murthy) 및 마벨 테크놀로지 그룹(Marvell Technology Group)의 판타스 수타르자(Pantas Sutardja)와 세핫 수타르자(Sehat Sutardja) 등이 있다. 무하마드 알리 진나(Muhammad Ali Jinnah)의 경우, 파키스탄의 초대 총독으로서 단 1루피만을 수령했으며 어떤 형태의 보상금도 모두 거절했다.

회사 자금을 현명하게 소비하는 것도 겸손함을 증명하는 또 다른 방법이 될 수 있다, 사무실 인테리어나 회사 행사에 지나치게 많은 돈을 쓰고 있다면, 그 규모를 조정해서 줄여야 한다. 그리고 자금을 투명화하여 직원들로 하여금 남은 회사자금이 유용하게 쓰일 수 있는 방안에 대해 의견을 낼 수 있도록 장려해야 한다.

만약 매달 정기적으로 값비싼 레스토랑이나 고급 리조트에서 다른 경영자들과의 리더십 만찬을 주최한다면, 그런 관행을 축소시키고 가까운 지인들과의 조찬모임처럼 간단하고 비용이 덜 드는 행사를 개최하도록 해보자. 비공식적인 모임을 통한 양방향 의사소통은 단순한 사기진작을 초월하는 엄청난 효과를 가져 올 수 있다.

봉사에 초점을 두는
진정한 겸손함

프란치스코가 초기에 보여준 행동과 결정으로 미루어 보았을 때, 그가 사회의 가장 밑바닥에 있는 사람들을 돕는 것에 중점을 두고 있다는 것이 크게 와 닿지 않았을 수도 있다. 하지만 2013년 3월 19일, 그가 교황자리에 오르고 6일 뒤에 있었던 취임 미사에서 한 설교에서 이는 확실해졌다. 교황은 이와 같이 선포하였다.

"진정한 힘이 봉사에서 온다는 것을 잊으면 안 된다. 교황조차도 권력을 행사할 때, 봉사를 통해 다스려야 하는 것이다. (중략) 교황은 하찮게 보이지만 구체적인, 참된 봉사에서 영감을 받아야 한다. 그리고 성 요셉과 같이 두 팔을 벌려 하느님의 모든 사람을 지키고 보호해야 한다. 인류 모두를, 특히 가장 가난한 사람, 가장 약한 사람, 그리고 가장 중요하지 않은 사람을 사랑으로 감싸 안아야 한다. 또한 이방인이나 굶주리는 사람, 목마른 사람과 헐벗은 사람, 그리고 아픈 사람과 감옥에 있는 사람까지도 보살펴야 하는 것이다. 사랑으로 봉사하는 사람만이 그들을 지켜낼 수 있다!"

교황 취임 후 한 달 동안, 프란치스코는 봉사의 중요성을 자세히 설명하고 그 자신도 당연히 봉사해야 함을 알렸다. 그는 말했다. "그리스도인들은 언제까지나 정복의 태도를 버리고 겸손의 마음으로 전도해야 한다." 덧붙여, "복음을 전할 때에는 겸손과 봉사정신, 자선의 마음과 형제를 사랑하는 마음이 필요하다. 제국주의나 정복하려는 태도로 전도해서는 안 된다."

그가 이끄는 사람들에게 봉사하는 마음으로 다가서는

교황의 모습은 모순적으로 보일지도 모른다. 그러나 프란치스코 교황을 비롯하여 그 어떤 성공적인 리더도 그렇게 생각하지 않을 것이다. 세상의 모든 이들에게 봉사하는 것은 교황에게는 당연한 것이고 하느님께 좀 더 가까워질 수 있는 방법이다. 베르고글리오는 말했다. "예수님은 통치자가 시종과 같아야 한다고 말씀하신다. 내가 보기에 이 개념은 모든 종파의 종교인에게 유효하다. 종교적 리더십의 진정한 힘은 봉사에서 오는 것이다."

만약 당신이 지도자로서 팀원에게 명령만 하는 것에서 봉사하는 것으로 역할을 바꾼다면, 당신은 이전에 결코 가질 수 없던 새로운 기회를 얻게 될 것이다. 이 변화는 공식적이거나 조직적이지 않아도 된다. 다른 훌륭한 CEO들과 같이, 프란치스코도 격식에 얽매이지 않는 것에 큰 힘이 있다는 것을 보여줬다.

격식에 얽매이지 않는 것이 얼마나 좋은 기회를 만들 수 있는지 확인하고 싶다면, 당신의 직원과 사원식당에서 커피 한 잔을 함께해 보라. 여럿이 함께해도 좋고 한 사람과 만나도 좋으며, 이 두 방식을 다 써 보는 것도 좋다(우선 모두와 함께한 후 한 사람씩 만나라. 항상 큰 부분에서 작은 부분으로 좁혀 들어가는 것이 좋다). 당신이 최대한 그들의 목표를 달성하게끔 도와주려한다는 것을 확실히 알려라. 당신이 언제나 그들의 이야기를 들을 준비가 되어 있고, 그들은 언제든지 당신을 보러 와도 된다는 것을 알려라. 그리고 커피를 마시며 그들과 이야기하라.

〈포춘〉이 선정했던 100명의 CEO 중 한 리더는 그의 직원들을 위해 사탕과 초콜릿이 가득 들어있는 그릇을 자신의 책상 위에 두기로 유명했다. 직원들은 그들이 원하는 시간에 언제든지 그의 오피스에 들러 사탕을 가져갈 수 있었다. 이것은 사람들이 그의 오피스에 들러 "안녕하십니까?"라고 인사할 기회를 주기에 매우 효과적이었다. 이런 인사말들은 훨씬 더 긴 대화로 연결되었고 이 리더가 사원에게서 더 의미 있는 대화를 이끌어낼 기회를 주었다. 이는 그와 사원들 모두에게 많은 도움이 되었다.

사람들과 좀 더 깊은 대화를 하는 것은 프란치스코 교황이 가장 중요하게 생각하는 것 중 하나이다. 그러나 대화는 쌍방이 모두 서로를 존중하고 열려있는 상태에서만 이루어질 수 있다. 2010년에 베르고글리오는 말했다. "대화는 서로에 대한 존중을 바탕으로, 상대방이 무언가 좋은 이야기를 해줄 것이라는 믿음을 가졌을 때 이뤄진다. 우리가 다른 사람의 관점, 의견, 그리고 제안들을 받아들일 수 있는 자세가 되어있어야 하는 것이다. 대화는 비난, 공격이 아닌 따뜻한 수용을 필요로 한다. 대화를 위해서는 방어를 낮추고 마음의 문을 활짝 연 후에 따뜻함을 줄 수 있어야 한다."

베르고글리오는 항상 실용주의자로서 성공적인 소통에 방해되는 것들을 알고 있었다. 여기에 그가 말하는 의미 있는 소통에 방해되는 모든 요소를 열거하려 한다. 다음의 글을 읽으며 당신의 단체에 몇 개의 장벽이 존재하는지 잘 생각해 보라.

일상생활에서 대화를 막는 장벽은 다음과 같다: 잘못된 정보, 험담, 편견, 명예훼손, 비방. 이 현상들은 다른 사람에게 마음을 터놓을 수 있는 기회를 박탈하는 문화적 선정주의를 형성한다. 따라서 만남과 대화가 뜸해지는 것이다.

다음은 당신이 더 겸손해질 수 있게 도와줄 몇 가지 방안이다.

리더의 힘을 남용하지 말라

다른 사람 위에 군림하려는 리더에게는 겸손을 실천할 여지가 없다. 당신이 자신의 지위를 남용하고 있다고 생각한다면 당신의 매니저나 상사와 마주하고 그들의 의견을 물어보라. 그들은 진실을 알고 있을 것이다. 1년에 1달러를 받는 **CEO**들과 같이, 직원들에게 당신이 그들의 상사이지만 동시에 동료이기도 하다는 점을 알리는 자신만의 방법을 찾아내라.

당신을 직원들의 위에 있게 하는 모든 장애물을 없애라

당신의 사무실을 둘러보아라. 들어가기 편한 장소인가 아니면 위협적인 공간인가? 다른 직원들에게서 얼마나 떨어져 있는가? 다른 사무실은 열려있는데 당신의 사무실만 닫혀있지는 않은가? 몇 명을 지나쳐야 당신의 공간에 들어올 수 있는가? 당신은 공동 부엌과 화장실을 사용하는가? 아니면 당신만의 시설이 따로 있는가? 복도에서 기업의 임원들이 아닌 신입사원들을 몇 명이나 만나는가? 또 몇 명이나 만나고 싶은가? 그들에게 인사는 해 보았는가? 당신의 사무실에서 왕좌를 치워버려라. 당신이 직원들에게 좀 더 친밀히 다가가기를 결심한다면 이 모든 것은 바뀔 수 있다.

최고위급 경영진만 참석할 만한 호화로운 만찬을 멀리하라

대신 당신의 리더들이 직속 사원들과 매달 아침식사를 할 수 있도록 하라. 이것은 당신의 예산과 시간을 더 효율적으로 사용하는 방법이다. 만약 당신이 고위 관리자들을 위한 사외 모임을 주최하는 것에 익숙하다면 중간 관리자들과 그들의 직속 사원들을 위한 사외 모임도 고려해보라.

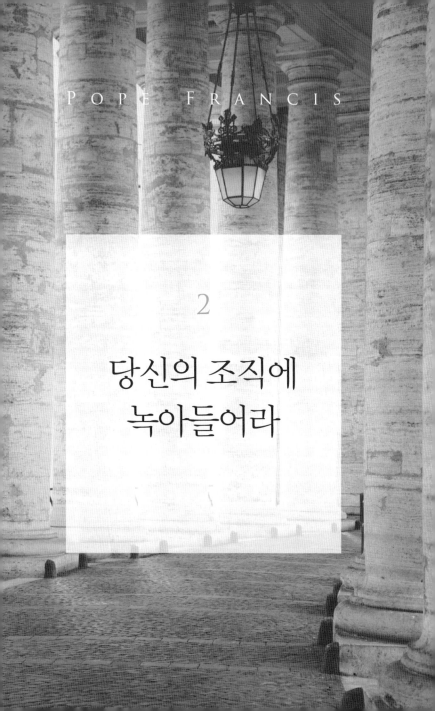

POPE FRANCIS

2

당신의 조직에
녹아들어라

가장 흔히 인용되는 프란치스코주의(Francisism) 중 하나는 "당신의 조직원들과 같은 향을 풍겨라"이다. 이것은 당신이 리드하려는 그룹에 완전히, 유의미한 방식으로 녹아들어야 한다는 말이다. 다른 많은 원칙들처럼, 이 리더십 원칙 또한 그의 교황 생활에 깊이 뿌리 내리고 있다. 이 원칙이 어떻게 진화했는지 살펴보기 위해, 베르고글리오가 '빈민가의 주교'로 알려지게 된 그 시절로 돌아가 보자.

빈민가의
주교

프란치스코 전기 작가인 폴 발레리(Paul Vallely)는 '베르고글리오의 놀라운 여행은, 그가 자신이 태어난 도시에서 보좌주교가 되었을 때 시작되었다. 이 여행은 호르헤 마리오 베르고글리오를 빈민가의 주교로 바꾸는 여행이었다. 이 여정은 그를 권리를 박탈 당한 사람들의 열렬한 옹호자, 그리고 배경과 종교를 넘어선 소통을 원하는 확고한 후원자로 바꾸어 놓았다'고 한다.

베르고글리오의 지인들에 의하면, 그가 빈민가에서 보낸 시간은 그를 사회에서 불행한 이들의 변호자로 만드는데 결정적인 역할을 했다고 한다. 베르고글리오의 우선순위 중 하나는 그의 관할권 내에서 가장 가난하고 위험한 동네에 대한 교회의 관심을 불러일으키는 것이었다. 부에 노스아이레스의 빈민가에서의 그가 마약과 벌인 전쟁은 이러한 그의 행보를 잘 보여준다.

파코(paco)는 싸고 위험한 코카인으로, 빈민가의 가난한 사람들에게는 아주 흔한 마약이었다. 이 마약을 몰아 내기 위해서, 베르고글리오의 사제들은 마약중독자들을 최대한 수용하여 그들을 치료하기 위한 프로그램을 만들었다. 사제들은 마약중독치료센터인 '하느님의 집(Hogar de Cristo)'을 설립했고, 중독자들이 치료 받는 동안 일할 수 있는 두 개의 농장을 개설했다.

빈민가 주민의 반 이상이 16세 미만이었기 때문에, 사제들은 이 젊은이들에게 사회에 복귀할 기회를 주기 위한 다양한 교육 프로그램을 소개했다. 여기에는 '탐험가'라고 불리는 스카우트 프로그램도 포함되었다. 그러나 뭐니 뭐니 해도 가장 성공적이었던 것은 견습생 프로그램이었다. 청소년들이 전기기술자부터 석공, 또는 금속기술자까지 원하는 직업을 견습해 볼 수 있는 이 프로그램은 이들이 빈민가를 벗어날 수 있게 도와주는 방안이었다. 빈민가 주민들에게는 점차 교구(parroquia, the parish)가 파코를 대신할 수 있을 것으로 보였다.

그러나 빈민가에서의 전도활동이 반드시 순탄하지만은 않았다. 하루는 어떤 사람이 빈민가에서 노련한 사제 중 한 명인 페페 신부(Padre Pepe)를 길에서 불러세웠다. 그는 신부가 반 마약(anti-drug) 활동을 계속한다면 그를 없애버리겠다고 말했다.

페페 신부는 즉시 베르고글리오에게 연락하여 그가 받은 위협에 대해 전하고 생명을 잃는 것이 두렵다고 말했다. 베르고글리오는 페페신부를 만나, 만약 누군가 죽어야 한다면 자기 자신이 죽는 것을 택하겠다고 말했다. 베르고글리오의 말에는 거짓도, 허세도 없었다. 이는 그가 자신의 사명에 얼마나 헌신적이었는지를 보여주며, 리더가 자신의 의무에 대해 반드시 지녀야 할 신념이 무엇인지를 보여준다.

작가 폴 발레리에 따르면, 그 뒤로 극적인 일이 일어났다. '페페가 위협받은 다음날, 대주교(베르고글리오)는 플라자 데 마요(Plaza de mayo, 도시의 주요 집결 장소)에서 야외 미사를 열었다. (중략) 대주교 베르고글리오가 그곳에서 미사를 하리라는 것은 방송국에도 알려졌다. 설교시간이 다가오자 베르고글리오는 마약 밀매업자와 그들의 협박을 강렬히 비난했다. 그는 그들을 '어둠의 상인'이라고 일컬었다. 그들에 대한 저항의 뜻을 표명하기 위해, 그는 페페 신부를 '모든 빈민가의 사제'라는 새로운 지위로 승진시켰다. (중략) 성경에서 이르기를, 사제가 다치면 무리가 흩어진다고 하였다. 베르고글리오는 이를 잘 이해하고 있었고, 그의 뜻은 미사를 통해 잘 전달되었다.'

베르고글리오는 페페 신부 협박 사건과 자신의 공개 성명이 있고 난 뒤 더 많은 시간을 빈민가에서 보냈다. 교구의 많은 일원을 만나고 축복을 빌어주었으며, 그들과 비스킷을 먹고 마테(mate, 아르헨티나인이 가장 좋아하는 차)를 마시곤 했다. 베르고글리오는 그의 사제들을 다치게 해서는 안 된다는 것을 말보다는 행동으로 보여줬다. 만약 누군가가 그의 사제들에게 해를 가한다면, 이는 기도(클럽이나 술집에서 입구를 지키는 사람)로 일했던 주교에게 대립하는 일과 같은 것이다. '빈민가의 주교'였던 그는 페페 사제가 빈민가 안에서 살고 있던 집에서 함께 자겠다고 나서기도 했다. 그가 페페의 선교를 절대적으로 지지한다는 것을 알리기 위해서였다.

베르고글리오가 항상 빈민가에서 지내자, 몇몇 교인들은 그를 엘 차본(El Chabon), '친구'라고 부르기 시작했다. 그는 그곳 주민들을 무서워하지 않았고, 혼자 골목을 돌아다녔다. 함께 사진을 찍자는 요청에 응하기도 했다. 이 빈민가의 사람들은 베르고글리오가 프란치스코 교황이 되기 전에 가장 편하게 지내던 사람들이다. 베르고글리오는 파코에 빠져있던 어린아이들의 발을 닦아주기도 했다. 그를 보좌하던 어떤 이는, 베르고글리오가 '삶의 실존적 쓰레기 더미에 버려진 사람'과 있을 때 가장 편안함을 느낀다고 하였다.

프란치스코의 방식으로
당신의 조직을 알아가라

당신이 리드하는, 혹은 리드하기 원하는 조직에 스며들기 위해 당신이 할 수 있는 일은 무엇일까? 2014년 초, 우리는 프란치스코의 리더십을 전혀 예상할 수 없는 곳에서 목격했다. 그곳은 바로 미국 의회였다.

내가 미국 의회를 '예상할 수 없는 곳'이라고 하는 이유는, 미국에서 의회가 가장 평판이 나쁜 기관 중 하나(지지율이 10퍼센트 이하이다)라는 사실이 미국뿐 아니라 전세계에 익히 알려져 있기 때문이다.

그러나 이렇게 지지율이 낮은 미국 의회에서도 프란치

스코의 리더십을 발휘한 사람이 있었다. 그는 바로 네바다의 민주당 대표로서 2014년 재선거에 도전한 스티브 호스포드(Steve Horsford) 하원의원이었다. 이 국회의원은 자신이 대변해야만 하는 주민들과 자신이 멀어지고 있다고 생각했다. 그는 양복과 넥타이를 벗어 던지고, 그의 지역 주민들이 들어갈 법한 직장에서 일을 해봐야겠다고 결심했다.

그는 과연 어떤 회사를 골랐을까? 그가 택한 곳은 UPS(United Parcel Service, 미국에 본사를 둔 세계적 물류 운송 업체)였다. 그는 위아래 모두 갈색에 소매가 짧은 유니폼을 입고 일을 나섰다. 새로운 직업을 가진 그 짧은 기간, 호스포드는 다른 UPS 운전사와 한 팀이 되어 라스베이거스 지구에 소포를 배달했다. 그는 그를 보고 놀란 사람들에게 이렇게 말했다. "저는 국회위원 호스포드입니다. 여기 당신의 소포를 배달하러 왔습니다."

호스포드 하원의원이 자신의 지구에서 이렇게 근무하게 된 맥락과 시대배경은 중요하다. 그 당시, 즉 2014년 초에는 미국을 비롯한 전 세계에서 임금과 보상에 관련된 논쟁이 벌어지고 있었다.

호스포드가 자신의 본업에서 벗어나 이런 파격적인 일을 하게 된 이유는, 최저임금에 관한 국가적 논쟁에 더 많은 대중의 관심을 모으기 위해서였다. 이 하원의원이 UPS 소포배달원을 자청한 시기에 미국의 최저임금은 시간당 7달러 25센트였으나, 이를 10달러 10센트로 인상하려는 운동이 진행되고 있었다. 호스포드와 임금 인상을 지지하던 사람들은, 미국 정부의 도움이 없다면 최저임금 직업에 의존하는 대부분의 가정에서는 생계를 유지하는 것조차 어렵다고 주장했다.

호스포드의 행동은, 프란치스코의 우선순위 중 하나인 임금 불평등 문제를 공표하려는 목표를 상기시킨다. 프롤로그에서 언급했던 충격적인 통계수치를 보면, 85명의 세계 최고의 갑부들이 인구의 절반이 가진 재산보다 더 많은 재산을 가지고 있다. 그들은 3억 5,000만 명의 가난한 사람들이 가진 재산을 모두 합친 것보다 더 많은 재산을 소유하고 있는 셈이다. 최저임금 (그리고 전반적으로 낮은 임금) 문제는 미국만의 문제가 아니다. 이것은 범세계적인 문제이다. 이 문제를 프란치스코 교황보다 더 깊이 이해하고 있는 사람은 드물다. 그는 많은 국가의 낮은 임금이 소득불평등 문제를 더 악화시킨다는 것을 알고 있다.

돌이켜보면, 호스포드는 그의 실험적인 시도에 미국 물류업체보다 더 적합한 직장을 골랐어야 했다. 왜일까? UPS는 그나마 보상조건이 나쁘지 않은 직장이기 때문이다. UPS 신입사원은 시간당 12달러를 받는데, 이것은 아직 미국에서 실현되지도 못한 최저임금인 10달러 10센트보다 약 2달러 높은 금액이다. UPS 운전사는 시간당 32달러 50센트를 받는다.

결국 이 하원의원은 UPS를 공정한 임금을 주는 회사로 부각시키는 것에는 성공했지만, 보다 큰 문제인, 실제 최저임금을 지급하는 맥도널드(McDonald's) 같은 패스트푸드 레스토랑이나 소매상의 실상을 알리지는 못했다. 당신이 몸담은 조직(또는 환경)에 완전히 녹아드는 것은 중요하다. 그러나 어떤 결과를 얻을 것인가에 대한 고민이 선행되어야 한다.

영국의 월마트를 모방하라

어떻게 하면 조직에 스며들 수 있는가? 이를 살펴보기 위해서는, 유럽, 아시아, 북미를 통틀어 12개의 나라에 있으며, 영국에서 가장 큰 식료품 매장인 테스코(Tesco PLC)를 예로 들어볼 수 있다. 테스코 영국 매장은 수익으로 세계 2위이고, 매출로는 3위이다(매출로는 프랑스의 까르푸(Carrefour)가 2위).

그러나 테스코는 오랫동안 B급 기업으로 간주되어왔다. 실제로 1990년대의 테스코에서는 매년 매출액이 1~2퍼센트 줄어들었다. 테스코 경영자들은 어떻게 이 상황을 극복했을까? 그들은 조직에 스며들기로 결심했다.

테스코에는 1년에 1주일은 경영본부의 간부와 경영진이 유통이나 매장 관련 일을 해야 하는 독특한 프로그램이 있다. 이 프로그램은 '테스코 매장에서 함께하는 한 주(Tesco Week in Store Together)'를 줄여 'TWIST'라고 불린다. 테스코에서는 이 프로그램에 대하여 이렇게 설명한다. 'TWIST는 회사 내에서 지식공유를 장려하려는 우리의 의사와 목표를 공고히 한다. (중략) 이 프로그램에서 경영진들은 뒷문에서 매장 안까지 고객을 안내하고, 물품을 납품받고, 창고에서 일하고, 물건을 채우고, 계산대와 고객 서비스 창구에서 일하는 등 매장 운영에 관련한 모든 것을 경험한다. 올해부터는 여기에 야간근무까지 포함되었다.'

테스코가 유럽의 가장 큰 소매상으로 성장하게 된 이유가 전적으로 TWIST 때문이라고 말할 수는 없다. 그러나 이런 프로그램은 조직의 고위층 간부들로 하여금 실무진, 그리고 더 나아가 고객들과 가까워지게 해준다. 이것은 프란치스코 교황의 리더십 원칙과 일맥상통한다.

프란치스코가 교황이 된 후 6개월 뒤, 〈크리스천투데이
(Christian Today)〉의 마이클 트리머(Michael Trimmer)는
그를 이렇게 평가했다. '세계에서 가장 큰 종파의 리더로
서 그가 그 모든 장관과 의식을 회피하기는 어렵다. 그러
나 예수회 출신의 교황으로서, 그는 민중의 사람이 되는
것의 중요성을 확고히 믿는다. 그가 민중의 일부가 아니
라면, 어떻게 모든 이들의 열정과 아픔을 함께 나눌 수 있
겠는가?'

TWIST 같은 프로그램은, 어떤 관료제의 꼭대기에 있는
리더들이, 그 아래에 있는 대다수 조직 구성원들의 '열정
과 아픔을 나눌 수 있는' 좋은 방안이다. 바꿔 말하면, 경영
진을 구석에 박힌 호화로운 고급 사무실에서 진정한 회사
의 심장으로 내보내는 것이다.

당신이 조직과 좀 더 효율적으로 가까워지기 위해서 추가적으로 어떤 방법을 취해야 할지 궁금하다면 아래를 참고하라.

현장 방문을 통해 경영하라

수년 전 유행했던 MBWA(Manage by Walking Around, 현장 방문 경영 방식)이 오늘날 다시 회자되고 있다. 이 방식은 빌 휴렛(Bill Hewlett)과 데이비드 패커드(David Packard)가 그들의 컴퓨터 회사를 경영할 때 사용했던 방식이다. 애플사의 스티브 잡스도 이 경영 원칙을 따랐고, 고객들에게 전화하여 애플 제품에 대한 의견을 듣고 수용했다.

MBWA를 실천하기 전에, 당신이 현장 방문 경영에 적합한지 여부를 살펴보자. 다음 문제에 답해보라.

1. 당신은 부서의 내부사정을 정확히 파악하고 있다고 생각하

는가?

2. 당신은 각 직속 사원의 강점과 장점, 그리고 현재 그들의 사기가 높은지 저하되어 있는지 등을 알고 있는가?

3. 당신은 사원들과 허물없이 자주 예정에 없는 대화를 나누는가?

당신이 이 질문들 중 하나 이상에 '아니오'라고 답했다면 포춘 닷컴(Fortune.com) 앤 피셔(Anne Fisher)의 조언들을 참고하기를 권장한다. 'MBWA를 주기적으로 사용하고, 매번 다른 화장실을 이용해 새로운 사람들과 마주칠 수 있도록 하라. 절대 측근이나 비서를 대동하지 말고, 시간을 두고 전 부서의 모든 사원들과 만나라. 그들에게 회사를 개선할 수 있는 좋은 아이디어를 물어보고, 그것이 시행할 수 있는 것인지 알아보라. 마지막으로 비판하지 말라. 그들에게 의견을 묻는 것은 진상 조사를 위한 것이 아니다. 하고 싶은 말을 참는 법을 배워라.'

당신의 조직이 TWIST 같은 프로그램을 수용할 수 없다면
이런 대안을 써봐라

당신 아래의 리더들이 하루라도 다른 사람의 일을 해 볼 수 있도록 하라. 짧은 시간이지만, 조직의 관료제 하부에 있는 사람들의 요구와 고충을 리더들이 이해할 수 있게 도와주는 좋은 방법이다.

당신의 조직을 제대로 이해하려면 그들을 사무실이 아닌
사회적 환경에 두고 바라보라

〈포춘〉의 500대 CEO 중 한 명은 1년에 최소 한 번씩 사원들을 위한 바비큐 파티를 연다. 그런 행사를 갖는 것이 어렵다면, 당신의 사원들을 사무실을 벗어나 사회적 모임에 참여하게 할 다른 방법을 찾아내라. 예를 들면, 모두 한두 시간 정도 일찍 퇴근하여 당신과 함께 '해피 아워(happy hour, 술집에서 정상가보다 싼 값에 술을 파는, 보통 이른 저녁시간)'에 참여할 수 있도록 하라. 이렇게 하면 당신은 격식에 얽매이지 않는 장소에서 그들과 교류할 수 있다.

POPE FRANCIS

3

함부로
재단하지 말라

프란치스코 교황은 말을 중요하게 생각한다. 그는 책과 설교에 쓰일 단어와 문장에 세심한 주의를 기울인다. 그가 생각 없이 하는 말이나 행동은 거의 없다. 많은 가톨릭 교인들이 그가 가톨릭교회를 어떻게 변화시킬지에 대한 실마리를 그의 글을 통해 찾으려하는 이유가 바로 여기에 있다.

'내가 무슨 권리로
뭐라 하겠습니까?'

2013년 7월 말 프란치스코 교황은 부에노스아이레스에서 복귀하는 항공기 안에서 기자회견을 열었다. 한 기자가 '동성애자의 로비활동(gay lobby, 프란치스코 교황은 이 기자회견이 있기 6주 전 바티칸에 동성애자의 로비활동이 있다고 말했다)'에 대해 질문했다. 가벼운 농담을 던진 뒤, 교황은 사려 깊은 얼굴로 '극악한 로비행위 그 자체와 그 행위를 한 사람이 어떤 종류의 사람인지를 구별하는 것이 중요하다'고 말했다. '탐욕스러운 이들의 로비, 정치인의 로비, 검은 세력들의 로비, 너무나 많은 로비들.' 그리고 그는 NBC(미국 방송사) 뉴스에서 올해의 표현으로 선정한 이 말을 덧붙였다. '동성애자가 하느님을 찾는 선한 사람이라면, 내가 무슨 권리로 뭐라 하겠습니까?' NBC 뉴스는 '이 작은 다섯 단어(34페이지 참조)가 가톨릭교회의 앞날을 바꿀 수 있을까?'라고 물었다.

그가 이런 이야기를 하게 된 기원에 대하여 더 자세히 살펴보자. 2013년 8월에 교황은 〈가톨릭 문명(La Civilta Cattolica, 이탈리아 예수회의 저널)〉 편집장의 인터뷰에 응했다. 그는 이 인터뷰를 통해 남과 다른 사람들, 특히 자신이 통제할 수 없는 이유로 사회에서 소외되는 사람들을 자신이 함부로 재단할 수 없다고 느끼는 이유를 설명하였다. 교황이 되기 전에 대주교 베르고글리오였던 그는 이 어려운 사회문제에 대하여 이렇게 말했다. "내가 부에노스아이레스에 있을 때, 사회적으로 상처받은 동성애자들이 많은 편지를 보냈다. 그들은 교회가 항상 그들을 비난하고 있음을 느낀다고 했다. 그러나 교회는 그런 곳이 아니다. 리우데자네이루(Rio de Janeiro)에서 돌아오는 항공기 안에서 나는 동성애자가 선하고 하느님을 찾는 사람이라면, 내가 그들을 판단할 권리가 없다고 말했다."

판단하지 말라, 평가하라

위에 나온 프란치스코 교황의 진술에 의하면 누군가를 '판단'하는 것과 '평가'하는 것에는 상당한 차이가 있다. 사람을 판단하는 것은 교황보다 높은 신적인 존재만이 할 수 있는 것이다. 그 누구도 인종, 종교, 질병, 사회적 신분, 성적 성향 등을 비롯하여 인간이 통제할 수 없는 것들을 근거로 타인을 판단해서는 안 된다.

반대로 평가하는 것은 리더라면 항상 하는 일이다. 예를 들자면, 프란치스코는 프롤로그에 소개 되었던 '럭셔리 주교'가 자신이 원하는 교회를 이끌 리더로는 적합하지 않다고 엄격한 평가를 내렸다. 그는 이 사치스러운 주교가 사회에서 소외된 불쌍한 이들을 도울 수 있는 리더가 아니라고 평가한 것이다. 그러나 프란치스코는 그를 한 개인으로서는 비난하지 않았다. 프란치스코는 프란츠-피터 테발츠-판 엘스트 주교(Bishop Franz-Peter Tebartz-van Elst)의 선택이 자신이 바라는 가톨릭교회에 어울리지 않는다고 평가했을 뿐이다.

만일 당신이 어떤 기업에서 사람들을 리드하고자 한다면, 당신은 매일 여러 가지 사항들에 대하여 평가해야만 한다. 당신이 지금 하고 있는 일에 대하여 생각해보라. 당신은 입사를 결심하기에 앞서, 그 회사의 위치, 급여와 혜택, 그리고 발전의 기회를 평가해야 했다. 그러나 당신이 지금까지 해왔던, 그리고 계속 하게 될 그 어떤 평가도 사람에 대한 평가보다 중요할 수는 없다. 이것이 바로 프란치스코 교황의 원칙이다. 사람을 우선시하면, 다른 것은 다 따라오게 되어있다.

사람들을 이끄는 리더라면, 당신은 상사부터 공급자,

그리고 고객까지 모든 층의 사람들을 평가해야 한다. 그러나 이 중에서도 당신의 직속 직원들에 대한 평가가 가장 중요하다. 그들은 당신이 항상 정직하고 솔직한 평가를 내리기를 기대하며, 그런 평가를 받을 자격이 있는 자들이다. 물론 성과 평가라는 것이 존재하지만, 많은 리더들은 1년에 한 번 있는 이 의례적인 평가시기를 기다리지 않는다. 그들은 항상 직원들을 평가하며, 공식적이건 비공식적이건 주기적으로 그들과 그 평가내용에 대하여 허물없이 이야기하는 습관을 들인다. 프란치스코는 사람들과 대화를 나눌 때에는 자신의 말이 독백이 되지 않도록, 우리 문화의 변화하는 속성을 상기해야 한다고 말한다. "대화는 진지하고 두려움 없이, 그리고 진실 되게 해야 한다." 이는 프란치스코가 기자 안토니오 스파다로(Antonio Spadaro)에게 한 이야기이다. "현재 젊은 사람들이 사용하는 언어는 과거의 그것과는 다르다는 점을 기억해야 한다." 그는 이어 말했다. "젊은이들과 일하는 사람이 너무 단정하고 구조적인 말만 해서는 안 된다. 이런 말은 젊은 이들에게는 '마이동풍(馬耳東風)'일 뿐이다. 우리에게는 새로운 언어와 새롭게 말하는 방식이 필요하다."

그의 가장 유명한 설교에서, 프란치스코는 경청의 중요성을 말한다. "현대에는 경험을 바탕으로 사리분별과 이해, 그리고 인내에 정통한 인물이 그 어느 때보다 더 필요하다. (중략) 우리는 그냥 듣는 것을 넘어서 경청을 해야 할 필요가 있다. 의사소통을 할 때 경청한다는 것은 마음을 연다는 것이다. 이는 진정한 영적 대면 없이는 생길 수 없는 친밀감을 형성해 준다. 경청은 우리에게 상대방의 이야기에 반응할 적절한 몸짓과 표현을 찾을 수 있게끔 하여, 우리가 단순한 방관자가 아니라는 것을 보여준다. 공손하고 연민 어린 경청을 통해서만 우리는 진정한 성장의 길에 발을 들여놓을 수 있다."

프란치스코 교황은 일찍이 누군가가 신용을 저버리는 행동을 하지 않는 한 그를 완전히 신뢰해야 함을 배웠다. 그는 어떤 일이 있더라도 사람을 믿어줘야 한다는 것을 알았다. "누구에게 무엇인가를(일이든, 물건이든) 맡길 때, 나는 그 사람을 완전히 믿는다. 그 사람이 정말 큰 실수를 저지르지 않는 이상 나는 그를 꾸짖지 않는다."

프란치스코는 사람들과 대등한 입장에서 소통하려 노력한다. 2013년 여름에 라틴 아메리카와 카리브해 종교인 연합(Latin American and Caribbean Confederation of Religious Men and Women)과 만난 프란치스코를 관찰한 사람들이 주목했던 예화를 돌이켜 보자. 그가 이전의 교황들처럼 다른 사람들 위에 자리했을까? 두 명의 저명한 기자 마시모 프랑코(Massimo Franco)와 마이클 숀 윈터스(Michael Sean Winters)에 따르면, 그는 그렇게 하지 않았다. 〈내셔널 가톨릭 리포터(The National Catholic Reporter)〉의 리포터인 윈터스는 이렇게 말했다. '프란치스코 교황은 그들과 같은 높이의 의자에 함께 둘러앉았다. 그들은 대화를 나누고 있었다.'

프랑코는 덧붙여 말했다. '이 모임의 사진과 재작년에 있었던 교황청 정기방문 때의 미국 주교들의 사진에는 충격적인 차이가 있다. 재작년의 사진에는 교황이 높은 자리에 앉아 있었고, 주교들은 복사(사제의 미사를 돕는 소년)들 같이 한 줄로 된 의자에 앉아 있었다. 교황은 준비해 둔 글을 읽었고 주교들은 듣고 있었다. 대화는 없었다.'

이외의 다른 사람들도, 프란치스코 교황은 사람들을 그보다 아래 있다고 느끼게 하기보다는 편하고 대등하게 느끼게 하기 위해서 노력한다고 말한다. 프란치스코 교황은 프란치스코라는 사람의 평가, 즉 자신에 대한 자신의 평가를 피할 수 없다. 한 이태리 기자와의 인터뷰에서 교황은 자신이 초기에 저질렀던 실수에 대해 논했다. '내가 권위적으로 신속하게 내렸던 결정들이 심각한 문제들을 초래했고, 나를 극우파로 보이게 했다. (중략) 그러나 나는 우파(보수적)였던 적이 단 한 번도 없다. (중략) 내가 보수적으로 결정을 내렸던 것이 그런 문제를 야기한 것이다.'

덧붙여, 교황은 평가에는 다른 사람들과의 상의가 포함되어야 한다고 여기는데, 과거에 자신은 이 부분에 있어서 부족했다고 인정했다. '나는 다른 사람들과 항상 상의하지는 않았다. 그랬으니 결과가 좋을 리가 없었다. 예수회의 일원이었던 나의 체제는 초기에 결점이 많았다. 그때는 사회적으로 힘든 시간이었다. (중략) 그 때문에 나는 그 젊었던 시절 이미 편협해져 있었다. 당시 나는 고작 36세였다. 말도 안 되는 것이었다. 나는 어려운 상황에 대처해야 했고 급하게 혼자 결정을 내렸다.'

그러나 많은 증거를 통해 그가 어떻게 발전했는지 알 수 있다. 2013년에 프란치스코는 8명의 추기경을 오대주 대표로 임명해 세계적 사안에 대한 자문단으로 활동하게 했다. 바티칸에 주목하는 모든 이들에게, 이 전례 없는 모임은 게임 체인저(game changer, 판을 뒤흔들어 흐름을 뒤바꿔 놓을 만한 중요한 사건)였다. 만약 프란치스코 교황이 CEO였다면, 그에게는 지금 그가 신중히 선택한 이사회

임원진이 있을 것이다. 교황은 이 자문단이 편협해질 수 있는 가능성을 없애고자, 이태리에서는 단 한 명의 추기경만을 선택했다. 정치 칼럼니스트 마시모 프랑코에 의하면 이 같은 자문단의 모임은 어쩌면 바티칸에 있어 중요한 전환점이었다. '오대주 대표 자문단은 새로운 통치 방식에 대한 루머를 양산한 참신한 조치이자, 교황청 정상에서 권력이 어떻게 공유될지 보여주는 조직의 미래이기까지 했다.'

평가할 것들

지금까지 우리는 정직하게 자주 평가하는 것의 중요성에 대해 논의했다. 이제 정확히 어떤 것을 평가해야 하는지에 초점을 맞춰보자. 많은 리더들은 직원들이 일을 더 능수능란하게 할 수 있도록 만들기 위해 그들의 약점을 개선하는 것에 집중한다. 그러나 그것은 잘못된 방법이다. 우리는 광범위한 연구조사 결과를 통해, 어떤 분야에서 전문가가 되는 가장 좋은 방법은 구체적으로 그 분야의 일을 직접 해보는 경험을 오랜 시간 쌓는 것이라는 걸 알고 있다. 말콤 글래드웰(Malcolm Gladwell)의 책《아웃라이어(Outlier)》를 통해 유명해진 연구에 의하면, 한 분야의 전문가가 되기 위해서는 최소 1만 시간이 필요하다.

글래드웰은 마이크로소프트(Microsoft)의 빌 게이츠(Bill Gates), 위대한 미식축구 리시버 제리 라이스(Jerry Rice), 그리고 비틀즈(the Beatles) 같은 다양한 유명인들과 그룹에 대해 이야기한다. 이 셋에게는 공통점이 있다. 이들은 모두 각자 분야에서 어떤 일이 구체적으로 필요한지 찾아내어, 1만 시간을 버티며 그 일에 열과 성을 쏟았던 사람들이다. 글래드웰의 1만 시간의 법칙에 부응하는 시간을 주는 것 이외에 개개인의 성과를 향상시키는 방법은 무엇이 있을까? 그건 바로 각자의 강점을 개발하는 데 집중하는 것이다.

프란치스코는 선천적으로 사람들의 장점을 보고 그들의 단점을 외면(특히 그 사람이 그 단점으로 인해 어려움을 겪었다면)한다. 또한, 그는 우리가 부정적인 생각을 갖거나 패배주의에 굴복하는 것을 막으려 한다. '용기와 열정을 방해하는 가장 심각한 유혹 중 하나는 패배주의다. 이것은 우리를 매사에 투정부리고 환멸을 느끼는 침울한 비관주의자로 만든다. 어떤 투쟁이든 자신감 없이 시작한다면 이미 절반은 진 것과 마찬가지이며, 우리가 가진 재능을 묻어버리는 것이다. 우리는 스스로의 나약함을 뼈저리게 인지하면서도 포기하지 않고 나아가야 하는 것이다.'

긍정과 자신감의 중요성을 피력한 프란치스코 교황의 이야기는, 최근 급격히 부상하고 있는 강점 기반 리더십과 잘 맞아 떨어진다. 예를 들자면,《탁월한 리더는 어떻게 만들어 지는가(Extraordinary Leader)》를 쓴 존 젠거(John H. Zenger)와 조셉 포크먼(Joseph Folkman)은 '좋은 리더로 보일 수 있는 16가지 방법(핵심역량)'을 제시하는데, 이 16가지 특성에는 '결과에 주력하는 것', '도전적 목표를 세우는 것', '다른 사람들의 높은 실적을 격려하고 동기부여 하는 것', 그리고 '변화의 투사가 되는 것' 등이 있다.

각 분야의 리더 2만 명의 정보에 근거한 젠거와 포크먼의 대규모 연구의 핵심은, '약점보다 강점에 초점을 맞추는 것이 훨씬 더 중요하다'는 것이다. 두드러지는 강점이 없는 경영자는 리더들 중 하위 3분의 1로 평가되었다. 하지만 강점이 하나라도 있는 경영자는 하위 3분의 1에서 68퍼센트까지 평가가 상승했다. 16가지 강점 중 3가지를 가진 경영자의 평가는 84퍼센트까지 상승했다. 이를 통해 젠거가 내린 결론은, 16가지 모든 강점에 신경 쓰는 것보다, 단 몇 가지라도 자신 있는 강점에 초점을 맞추는 것이 훨씬 더 낫다는 것이다. 사람의 약점은 아예 생각하지 않는 것이 낫다.

그들의 연구는 사람을 평가할 때 꼭 기억해야 하는 것이다. 흠을 찾아내거나 뛰어나지 않은 점을 찾으려 노력하기보다는 사람들의 장점을 강화하는 것에 초점을 맞춰라. 프란치스코 교황은 학자는 아니지만, 사기를 증진시키는 것이 얼마나 중요한지를 잘 이해한다. "우리는 우리 모두가 자기 자신의 불을 밝히는 일, 축복하는 일, 활기를 주는 일, 일으켜 세우는 일, 치유하는 일, 그리고 느끼는 일 같은 사명으로 낙인 되었다고 생각하며 살아야 한다. 우리는 주변에서 영적으로 충만한 간호사, 선생님, 정치인 등, 다른 사람과 함께하고 다른 사람을 위해 살기를 마음 깊이 원하는 사람들을 보게 된다."

당신이 더 나은 평가를 하고 남들에 대해 섣부른 판단을 내리지 않기 위해서는 어떻게 해야 할까? 여기 몇 가지 아이디어가 있다.

- 항상 프란치스코 교황의 다섯 단어를 기억하라.
- '내가 무슨 자격으로 뭐라 하겠습니까?'

리더로서 당신은 당신의 직원들이나 그룹에 대해 가지고 있는 모든 편견을 버려야 한다. 마찬가지로, 당신이 회의주의자라고 해도 누군가 큰 잘못을 하기 전까지는 그를 믿는 법을 배워야 한다.

진정한 대화는 상호적인 대화이다

당신이 사원들과의 대화에 임할 때에는 말보다 경청이 중요하다는 것(더 중요하기도 하다는 것)을 잊지 말라. 당신이 모든 시간을 말하는 데에만 쓴다면 이는 당신 자신의 선입견과 편견에 대한 확인을 얻고자 하는 것일 뿐이다. 경청에 시간을 쏟는다면 당신은 새로운 시각을 확보하고 직속 사원의 목표와 소망, 그리고 강점을 규명할 수 있다. 당신의 팀이 진정한 대화를 할 수 있게 된다면 당신은 직원들이 일을 더 잘할 수 있게 도울 수 있고, 이것은 최종적으로 당신을 더 나은 경영자로 만들 것이다.

강점에 초점을 맞추라

직속 사원 한 사람당 깨끗한 종이 한 장으로 시작한다. 그 종이에 그들의 강점 목록을 만들어보라. 당신의 사원들이 그들이 하고 있는 일의 적임자인지 확실히 하기 위해서다. 어떤 사람이 특정한 일을 오랫동안 했다고 해서 그 사람이 그 일에 적임자라고 할 수는 없다. 당신의 직원들이 자신의 강점을 발전시킬 수 있게 하라. 근무 시간과 맞지 않는 수업을 듣고 싶어 한다면, 자유 근무 시간을 주어 수업을 듣게 하라. 당신의 조직에 그들의 강점과 맞는 일이 있다면, 그 일을 할 기회를 주어라.

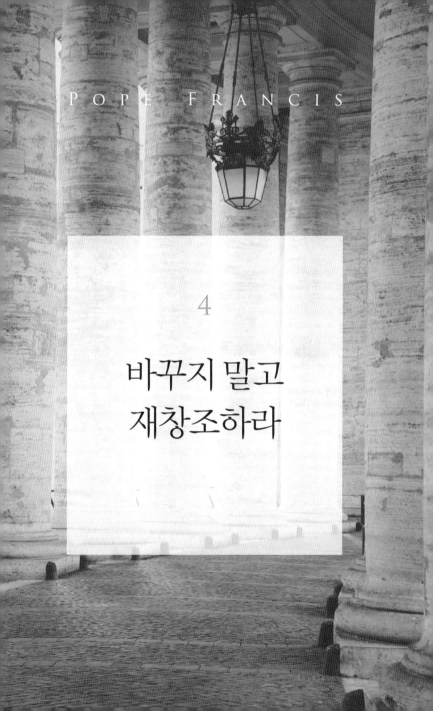

POPE FRANCIS

4

바꾸지 말고
재창조하라

겉으로 보기에, 많은 사람들은 프란치스코 교황이 다양한 견해를 쉽게 떠올리며, 이를 기막히게 선포해낸다고 생각할 수 있다. 예를 들자면, 2014년 3월 첫째 주, 교황 임기 1년 기념일 하루 전날, 프란치스코는 합법적 동성 혼인에 대한 질문을 단 하나도 회피하지 않았다. 이태리의 조간신문인 〈코리에레 델라 세라(Corriere della Sera)〉의 기자 페루치오 데 볼톨리(Ferruccio de Bortoli)와의 인터뷰에서, 프란치스코는 미국이 '다양한 삶의 형태를 합법화'하는 것은 의료와 경제적 혜택을 보장하기 위한 것이라고 말했다. 또한 그는 '다양한 상황을 평가하려면 각기 다른 환경을 바탕으로 봐야 한다'고 말했다. 가톨릭교회에서 동성 혼인에 문을 연다는 것은 프란치스코 이전에는 상상조차 할 수 없는 일이었다.

이 인터뷰 약 2주 전에 프란치스코는 이혼에 관하여 논하였다. 가톨릭교회가 이혼을 허가한 적이 없다는 것은 모두가 잘 아는 사실이다. 그러나 교회에서 이혼을 받아들이지 못한다는 것이 프란치스코 교황이 이들을 위해 봉사하는 것을 막지는 못한다.

바티칸 라디오에서는 이혼에 대한 프란치스코 교황의 새로운 접근에 대해 이렇게 요약했다. '프란치스코 교황이 오늘 아침 미사를 올렸다. 성경봉독에 이은 설교에서 교황은 혼인의 아름다움에 대해 이야기한 후, 교회는 결혼 생활에 실패를 겪은 사람들을 규탄할 것이 아니라 그들과 함께해 주어야 한다고 말했다. 그는 그리스도께서는 교회의 신랑이기에(Matthew 25:1-13 참조), 당신이 교회의 일원 중 누구라도 받아들이지 못한다면 이는 당신이 그리스

도 또한 이해하지 못하는 것과 같다고 하였다.'

약 두 달 후, 2014년 4월 후반기에 프란치스코 교황은 이혼과 성찬식에 관한 그의 지속적인 관심을 강조하여 세인을 놀라게 했다. 2013년 9월, 프란치스코 교황은 재클린 사베타 리스보나(Jacqueline Sabetta Lisbona)라는 한 여인의 편지를 받았다. 이 여인은 남편과 이혼한 자신이 성체성사를 받을 수 있는지 물었다. 이 여인의 남편에 의하면, 프란치스코 교황은 이 편지에 답하기 위해, 그리고 바티칸 법에 관련하여 성체성사에 대한 문제를 상의하기 위해 그녀에게 전화를 걸었다. 소문에 의하면, 교황의 고향인 아르헨티나 출신인 리스보나 부인에게 교황은 그녀가 이혼하고 재혼했음에도 불구하고 성체성사를 받을 수 있다고 말했다. 만약 이 이야기가 사실이라면, 이는 바티칸 전통의 커다란 변화의 전조인 것이다. 이 엄청난 통화 내용을 전달한 (이 대화의 세부 사항에 대해 텔레비전 인터뷰까지 하면서) 사람은 리스보나 부인의 남편이었다. 바티칸 임원들은 이 통화가 실제 있었던 일이라는 것은 인정했지만, 프란치스코와 리스보나 부인의 대화 내용을 밝히거나 언급하지는 않았고, 이런 일은 앞으로도 없을 것이다. 여기서 다시 한 번 우리는 프란치스코가 가톨릭교리의 확정적인 변화에 대해 전혀 언급하지 않고서도 전에 없던 포괄적인 조치를 취하는 것을 볼 수 있다. 이는 비밀스럽지만 실로 현명한 방식이다.

이 사건이 있기 전인 2014년 2월, 프란치스코는 세계의 추기경들과 함께 이혼, 피임, 동성 혼인과 같이 오늘날의 복잡한 가족관계에 대한 교회의 입장을 논의하기 위하여 이틀에 걸친 회의를 주최했다. 이 266번째의 교황은 참석한 추기경들에게 가톨릭교가 추상적인 구사상(舊思想)에만 집착해서는 안 된다고 지적했다. 그는 가톨릭교가 '현명하고 용기 있는, 사랑으로 가득한 목회자'로 나서는 수용적인 단체가 되어야 한다고 말했다.

합법적 동성 혼인과 이혼에 관한 이런 잠재적인 변화는 실로 기념비적인 것이다. (모든 곳에서 엄격히 적용되지는 않지만) 수천 년 동안 이혼한 사람은 가톨릭 미사 중 가장 거룩하다 할 수 있는 성체성사에 참여할 수 없었다. 그리고 프란치스코 교황이 동성 혼인에 대한 바티칸 교리의 전환을 공표하지는 않았지만, 그는 합법적 동성 혼인에 대한 토론의 가능성을 열어두었다.

프란치스코를 자세히 관찰해 온 사람들에게는 이런 잠재적인 변화들이 급격히 이루어지고 있다는 사실이 놀랍지 않을 것이다. 프란치스코가 동성 혼인에 대한 질문에 '내가 무슨 권리로 뭐라고 하겠습니까?'라고 답한 순간부터, 겸손한 이 교황이 가톨릭교회를 재창조하려는 매우 야심찬 포부를 가지고 있다는 것이 명백해 보였기 때문이다.

2013년 교황 선거 회의에서 그는 처음부터 우승 후보자는 아니었고, 그를 선출한 동료들이 그의 포부가 어느 정도인지 인식하고 있었는가의 여부는 알 수 없다. 그러나 나는 베르고글리오를 선택한 추기경들은 진정한 변화를 추구했다고 믿는다.

베르고글리오의 선택:
2005년의 교황 선거 회의

베르고글리오의 포부를 더 잘 이해하기 위해 2005년으로 거슬러 올라가보자. 그의 행동은 그가 비밀리에 움직이기 좋아하는 사람이라는 것을 보여준다. 그의 업적에도 불구하고 그의 지인들에게 그는 세상에서 가장 큰 기관의 대표가 될 만큼 야심이 많은 사람으로 보이지는 않았다. 베르고글리오와 친분이 두터운 사람들도 그가 무슨 생각을 하는지 정확히 알 수 있는 길은 없었다. 베르고글리오는 야망을 드러내기는커녕 너무나도 겸손한 사람이었다.

요제프 라칭거(Joseph Ratzinger)가 교황으로 선출되었던 2005년의 교황 선거 회의의 정황은 호르헤 마리오 베르고글리오의 성격이 어떤지 잘 보여준다. 그 교황 선거 회의에 들어서기 전, 115명의 선거인들은 4명의 후보를 주목했다. 여기에는 베르고글리오와 라칭거가 속해 있었다. 사실 이때 베르고글리오는 불리한 조건을 가지고 있었다. 그는 1976년, 아르헨티나 정부를 뒤엎은 군사 쿠데타에서 두 명의 예수회 사제들이 납치된 것과 관련되어 있다는 누명을 쓰고 있었다. 명령에 불응해서 내쫓겼던 두 사제는, 암살단에 납치되어 고문을 받았다. 베르고글리오는 그들의 석방을 청원했다. 하지만 그는 지금도 그때 그들을 위해 더 많이 노력하지 못했다고 애석해 한다. 아마 이것이 프란치스코 교황이 자신을 '죄인'이라고 부르고 끊임없이 하느님의 용서를 비는 이유 중 하나일 것이다. 어찌 되었든, 이 스캔들로 '베르고글리오 막기 파일 (Stop Bergoglio file)'이 유포되기까지 이르렀다. 살아남은 사제 프란치스코 잘릭(Francisco Jalics)은 교황 선거 회의가 끝난 후 베르고글리오는 그 사건에 책임이 없다고 했으나, 베르고글리오가 군대에 사제들의 활동을 알렸다고 의혹을 품는 사람들이 아직도 많이 있다.

프란치스코 전기 작가 폴 발레리에 의하면, 그럼에도 불구하고 베르고글리오는 처음 세 번의 투표에서 2위를 했다. 두 번째 투표에서 요제프 라칭거 추기경은 총 115표 중 65표를 얻었고 베르고글리오를 지원한 표는 300퍼센트가 올라 35표가 되었다.

세 번째 투표에서 베르고글리오는 라틴 아메리카인으로서는 최다였던 40표를 얻었다. 이는 그가 원한다면 라칭거를 방해할 수 있을 만한 결과였다. 그러나 세 번째의 투표 후, 베르고글리오는 앞으로 어떤 결과가 초래될지에 대하여 심각하게 생각해 보았다. 교황 선거 규칙에 의하면 3분의 2 다수결제 법칙은 일정 시간이 지나면 과반수 법칙으로 바뀐다. 라칭거의 지지자들은 그저 과반수 투표를 해야 할 시기를 기다리기만 하면 되는 것이었다. 베르고글리오는 자신의 개인적인 야망을 위해 교회의 평판을 위태롭게 하지 않기로 결정했다. 그는 승자 없는 투표가 너무 오랜 시간 이어지면 교황 선거 회의가 파벌 싸움과 불화의 장으로 그려질 것을 염려했다.

베르고글리오는 조용히 자신이 아닌 라칭거에 투표하기를 권유하기 시작했다. 2005년 교황 선거 회의에서 베르고글리오의 유세 활동은 요제프 라칭거 추기경을 위한 것이었다. 단 한 명의 추기경도 베르고글리오가 자신을 홍보하는 것을 보지 못했다. 그가 만약 그때 교황이 되고 싶었다 해도, 그는 친구나 동료에게 의중을 알리지 않았다. 어쩌면 그는 교회가 아직 변화할 준비가 되어있지 않다고 생각했는지도 모른다. 아니면 그는 자신이 교황 자리에 어울리지 않는다고 생각했는지도 모른다(그는 자신을 '하느님이 불쌍히 여겨 사랑하기로 결정한 죄인'이라고 부른다).

2005년 교황 선거에 대해 잘 알려지지 않은 중요한 사실이 하나 더 있다. 베르고글리오는 2005년 약 70세였다. 그는 당시에 라칭거가 궁극적으로 사직하리라는 것을 몰랐다. 베르고글리오는 이 선거가 교황이 될 수 있는 그의 마지막 기회라고 생각했을 것이다. 그럼에도 불구하고, 그는 교회의 이미지를 자신의 개인적인 목표보다 우선시하였다. 이 겸손과 관대함이 8년 후 교황이 된 그의 이타적이고 진실한 마음을 들여다 볼 수 있게 해 준다.

폭발적인 개혁가를 선택하다:
2013년의 교황 선거 회의

265번째 교황이었던 베네딕토 16세의 전례 없는 사임 이후, 추기경들 사이에 차기 교황 선택으로 인한 내분이 있으리라는 말들이 무성했다. 한 그룹은 교황청의 방식과 가톨릭교회의 원칙이 지켜지길 원했고, 교회에 풍파를 일으키지 않을 사람을 선호했다. 그러나 다른 그룹은 교회에 불굴의 개혁가가 필요하다고 생각했다. 그들은 스캔들로 가득했던 교황 베네틱토 16세의 8년 임기기간을 대중들이 잊게 해줄 사람, 가톨릭교회를 위해 구시대적인 전통을 바꿀 뿐 아니라 새로운 바른 길을 구축할 사람을 원했다.

코맥 머피 오코너 추기경(Cardinal Cormac Murphy-O'Connor)은 프란치스코 교황 전기 작가인 폴 발레리에게 이렇게 말했다. "막바지에 다다라 신도들이 교황 선거 회의에 선택권을 넘기던 그 시점에는, 그저 좋은 정치가 필요하다는 의견에서 복음서에 깊이 뿌리내린 교황(새로운 방식의 교회와 새로운 방식의 교황)이 필요하다는 의견으로 옮겨갔다."

추기경들에게는 확실한 교황 후보가 없었지만, 대중 매체는 밀라노(Milan)의 안젤로 스콜라 추기경(Cardinal Angelo Scola)을 교황 후보로 내세웠다. 지역 신문, 〈코리에레 델라 세라〉는 스콜라 추기경이 교황직을 얻기 위해 필요한 총득표에서 22표가 부족한 50표를 이미 확보하고 있다고 대담하게 발표했다.

교황 선거 회의 중, 각 추기경에게는 5분의 연설 시간이 주어졌다. 스콜라 추기경의 연설은 큰 열정을 불어넣지도 못했고 다른 추기경을 감동시키지 못했다. 이때 추기경들의 주목을 끌고 교황 선출 회의의 화제가 된 3분간의 짧은 연설은 바로 호르헤 마리오 베르고글리오의 이탈리아어 연설이었다.

그는 말했다. "교회의 유일한 목적은 밖으로 나아가 세계에 예수 그리스도의 좋은 소식을 전하는 것이다. 우리는 지리적, 또한 존재적으로 외면되어 죄, 고통, 불의, 무지, 그리고 종교에 대한 무관심과 싸우는 변두리 사람들에게 손을 뻗어야 한다."

그는 계속해서 말했다. "그러나 교회는 너무 내부에만 몰두해 있다. (중략) '교회'는 '자기 지시적'이 되었고, 그 결과 병들어 가고 있다. 교회는 '어떤 신학적 나르시시즘(kind of theological narcissism)'에 걸려있다. (중략) 자기 지시적인 교회는 예수님을 다른 사람에게 전하기보다는 자신만 간직하려 한다. (중략) 간단히 말하자면 교회에는 두 가지의 모습이 있다. 올바른 교회는 늘 전도하고 자신의 틀을 깨는 모습을 지닌다. 다른 하나의 모습은 세속적인 교회로서 교회 안에서만, 그 모습 그대로, 자신만을 위하여 존재하는 형상이다. 다음 교황은 따뜻하고 편안한 어머니처럼 예수님의 환희를 세상에 전하여, 교회가 변두리까지 영향을 미칠 수 있도록 도울 수 있는 사람이어야 한다."

그 짧은 연설은 좋은 평가를 받았으며 다른 추기경들의 마음을 사로잡았다. 베르고글리오의 연설에 흥분한 크리스토프 쇤보른 추기경(Cardinal Christoph Shonborn)은 옆의 추기경에게 낮은 목소리로 "그게 바로 우리에게 필요한 것이지"라고 말했다.

머피 오코너 추기경도 쇤보른 추기경에 동의한다. "베르고글리오는 전에 없이 교회의 문제에 대해 주저하지 않고 적극적인 사람이다(그는 보다 영적이고 신학적이다).

그리고 후에 몇몇 추기경들이 같은 표현을 쓰며 표현했듯이 그는 '마음으로부터' 말했다. 그의 연설은 아주 단순하면서 영적으로 충만했고, 교회의 시급한 개편의 필요성을 언급했다."

개혁, 재개발,
그리고 재창조

이제와 생각해보면 우리는 베르고글리오의 연설이 앞으로 다가올 변화들의 전조였다는 것을 알 수 있다. 그의 연설은 미묘한 동시에 권위로 가득했다. 온전한 권위는 바로 겸손을 유지하면서도 진리를 추구하는 고풍스러운 베르고글리오 그 자체였다.

2013년 교황 선거 회의에서 베르고글리오가 선출되는 데에는 5번의 투표가 필요했다. 추기경들이 마지막 다섯 번째 투표를 할 때, 베르고글리오의 표정은 진지했으나 다소 놀란 것으로 보였다고 전해진다. 마치 그가 앞으로 무슨 일이 일어날지 깨닫고, 그의 어깨 위에 놓인 세상의

무게를 느낀 것처럼 보였다고 한다.

　표가 집계되던 중에 호르헤 마리오 베르고글리오 추기경의 득표수가 교황으로 선출되는 데 필요한 77표를 넘은 것이 밝혀지자(그는 최종적으로 90표를 받았다), 평소 조용하던 시스티나 성당(Sistine Chapel)에서 추기경들의 박수갈채가 터져 나왔다. 가톨릭교회의 재창조를 위한 많은 아이디어를 가진 새로운 교황이 탄생한 것이다.

　드디어 베르고글리오가 선출된 교황직을 공식적으로 받아들일 시간이었다. 수석 추기경이 호르헤 마리오 베르고글리오에게 물었다. "교회법 선거에 따라 교황직을 받아들입니까(Acceptasne electionem de te canonice factam in Summum Pontificem?)?"

　"받아들입니다(Accepto)"가 수백 년간 내려온 전통적인 대답이었다.

그러나 베르고글리오는 "나는 큰 죄인이지만, 주님의 자비와 인내를 믿고 받아들입니다"라고 대답했다.

그의 삶과 진로의 정점이라 할 수 있는 이 순간에도, 베르고글리오는 자신의 죄를 그저 묵인할 수 없었다. 그의 겸손함은 그것을 허락하지 않았다. 프란치스코의 전기 작가는 그 뒤에 일어난 일을 이렇게 설명했다.

수석 추기경이 베르고글리오에게 마지막 질문을 했다.
"어떤 이름을 쓰겠습니까(Quo nomine vis vocari?)?"
"나는 프란치스코로 불리울 것입니다(Vocabor Franciscus)."

'이 이름을 듣고 추기경들은 환호했다. 그 어떤 교황도 프란치스코라는 이름을 쓴 적이 없었다. 깜짝 놀란 사람들도 있었다. 적잖은 사람들이 자신들이 뽑은 이 교황이 앞으로 무엇을 보여줄지 궁금해했다.'

〈코리에레 델라 세라〉의 기자 마시모 프랑코는 이후에 새 개혁가 교황에 대하여 이렇게 요약했다. '프란치스코 1세는 첫 예수회 교황으로서 잠재적 혁명의 표상이다. 그는 교황청 개혁가, 스캔들 해결사, 그리고 바티칸의 진정한 세계화를 책임질 사람으로서 선발된 것이다.'

당신의 조직을
재창조하라

당신의 조직에도 프란치스코의 재창조가 필요하다면, 상황을 뒤바꾸기 위해 어떤 조치를 취해야 할까? 당신은 언제나 사람과 조직 구조에서부터 시작해야 한다. 생각해보라. 당신은 적합한 인재들과 일하는가? 그 사람들은 적합한 자리에 있는가? 당신이 이끄는 조직의 구조가 생산성을 최대화하는가? 개선할 부분이 있는가?

당신이 다른 리더들을 고용하는 리더라면 외부인(오랜 시간 조직의 착오를 겪고 있지 않은 사람, 직장 내 정치적 관계에 민감하지 않고 한 부서에만 충실하지 않은 사람)을 고용해보라. 프란치스코는 첫 예수회 교황, 첫 남미 출신 교황이었다. 선거에서도 그는 바티칸의 방식을 따르지 않는 외부인으로 여겨졌다.

다음은 당신의 조직을 변화시키기 위해 시행할 수 있는 방안들이다.

● 당신의 조직을 유의미하게 유지하라

물건을 생산하든 서비스를 제공하든, 당신의 회사는 현재의 정세를 반영해야 한다. 당신의 조직을 어떻게 유의미하게 유지할 수 있는지는 이 책의 후반부에서 더 자세히 논할 것이다. 프란치스코가 보여준 재창조 정신을 기억하라. 당신의 회사가 오랫동안 어떤 방식으로 일을 처리해 왔다고 해서 오늘날에도 그것이 유용한 방법이라고는 할 수 없다.

공익을 추구하라

베르고글리오는 라칭거를 위해 유세에 나서면서 2005년 교황 선거를 사심 없이 포기했다. 필요 이상으로 긴 선거가 가톨릭교회에 부정적인 영향을 미칠 것을 우려했기 때문이다. 당신의 조직이 전성기에 다다르기 위해서는 공익을 위하여 자신을 내려놓을 수 있는 사람들이 필요하다. 이기적인 사람들은 쉽게 눈에 띄는데, 이들은 조직의 변화를 피하기 위해 자신들이 구축한 인간관계망과 수익에 집중하기 때문이다. 따라서 이들은 자신의 일은 잘해 나갈 수 있지만 전반적인 조직 문화에 해를 끼친다. 당신이 세운 가치관을 따르지 않는 직원을 해고하라. 나의 이러한 권고는 기업 생리에 기인한다. 지난 30년간, 효율적인 리더들은 이 방법의 심각한 필요성을 느낄 때면 반드시 행했던 전략이다.

효율적인 방식을 채택하라

많은 회사들과 조직에서 사람들은 단지 '항상 그래왔다'는 이유

만으로 현재 방식을 고집한다. 바로 지금이 당신 회사의 방식을 재창조해서 이끌어야 할 시간일지도 모른다. 예를 들어, 공급업체에 보내기 전에 구매문서에 5개의 서명이 필요하다고 가정해보자. 그것은 극도로 비대해진 관료정치의 징후일 수 있다. 자신에게, 그리고 당신의 팀에게 왜 5개의 서명이 필요한지 물어보라. 이 과정이 생기게 된 근거를 재분석해보고, 그것이 여전히 정당한지 분석하라. 그리고 가능한 가장 적은 승인이 필요한 방향으로 간소화하라. 이와 마찬가지로, 불필요한 요식이 당신의 조직을 좀먹고 있지는 않은지 모든 절차와 방식을 철저히 조사하라. 사무자동화 시스템을 갖추는 것도 불필요한 관료주의를 척결하는 방법 중 하나다.

POPE FRANCIS

5

포용을
최우선시하라

교황이 된 후로, 프란치스코의 최우선 과제는 교회를 좀 더 포용적인 곳으로 만드는 것이었다. 이 목표는 그가 '빈민가의 주교'로 활동했을 때부터 바라던 것이다. 그의 지인들은, 프란치스코의 변화는 가난한 사람들과 마태차를 마시고 뒷골목을 돌아다니며 사람들을 돌보던 기간 동안 이루어졌다고 말한다. 그는 사회에서, 그리고 점점 부유해지고 있는 가톨릭교회의 고위직으로부터 버림받은 사람들과 가까워졌다.

포용을 추구하는 것은 프란치스코 교황의 인기에 중요한 요인들 중 하나이다. 포용은 교회의 수장으로서 첫 한

해 동안 그가 내린 중요한 결정의 핵심이다. 그는 자신을 '슈퍼히어로' 교황으로 표현하는 것을 일축하지만, 그가 1억 2,000만 명의 가톨릭 신자들(그를 존경하게 된 수백만 명은 말할 것도 없이)에게 큰 영향을 미친 것은 자명하다. 그의 말대로 그는 슈퍼히어로는 아닐 수 있다. 그러나 그는 2014년 4월 후반기에 2명의 교황(교황 요한 23세(Pope John XXIII)와 교황 바오로 2세(Pope John Paul II))를 하루 안에 성인으로 공표한 교황이다. 교황 전문가들은 이 두 교황의 선택이 '균형' 유지가 될 수 있기 때문에(각자 교회의 좌파와 우파를 대표하므로) 이에 찬사를 보냈다. 로마의 성 베드로 광장에 이 단출한 의식을 직접 보려고 모인 수십만 명은 물론이고 텔레비전으로 보던 수천만 명의 사람들은 모두 크게 흥분했다. 시성식이 끝난 후, 프란치스코는 이 역사적인 의식을 보기위해 모인 거대한 군중들을 직접 만나고 악수하기 위해 그의 교황 공용차에 올랐다.

이것은 그의 파격 행보 중 하나일 뿐이다. 이 행동이 프란치스코가 어떻게 수백만 명을 교회로 돌아오게 했는지를 다 설명하지는 못한다. 그러나 이는 그가 포용에 관하여 논할 때 가장 적절한 예가 될 수 있을 만한 행동이다.

누구도
포기하지 말라

일부 프란치스코 전문가들은 그의 공표에 순서가 없다고 생각할 수 있다. 그는 한 주에는 동성애 신자를 판단하지 않는 것에 대하여 말하다가 그 다음주에는 이혼에 대한 교회의 입장을 완화하는 것에 대해 말했다. 물론 이것은 임의적인 순서일 수도 있겠지만, 나는 이것이 프란치스코가 체계적이고 조직적으로 일하는 방식이라고 생각한다. 그는 세상에서 가장 거대하고, 가장 폐쇄적이며, 가장 견고한 조직에서 문제를 헤쳐 나갈 방법을 찾는 동시에 조직을 리드하며 재창조하는 훌륭한 기술을 보여 주었다.

프란치스코는 자신의 재창조 계획을 교묘히 실행해 왔

다. 그는 앞서 수차례 논의되었듯이, 사회적 이슈(예를 들자면 합법적 동성 혼인과 이혼 같은 민감한 이슈)에 관련하여 계속해서 변화를 추구하였다. 그는 교회 내의 강력한 당파에서 그가 너무 멀리, 그리고 너무 빨리 도를 넘었다고 생각한다는 것을 알고 있었음에도 전혀 개의치 않았다.

교황이 된 6개월 후, 프란치스코는 매우 직설적으로 교회가 성스러운 사람만을 위한 것은 아니라 말했다. 그는 교회를 '모두의 집'이라 일컬었다. 그는 교회가 '교리와 정설에 중점을 둔, 도덕 교육에 제한된 안건을 가진 작은 예배당'이 되어서는 안 된다고 선언했다. 그에게는 숭고한 목표가 있다. 그 누구도 포기하지 않는 것이다.

'개혁은 태도의 변화에서 시작해야 한다'

2013년 여름, 프란치스코 교황은 정기적으로 예수회 및 기타 가톨릭 저널에 글을 쓰는 현지 기자인 안토니오 스파다로(Antonio Spadaro)에게 인터뷰를 허락했다. 이 분명한 인터뷰에서 프란치스코는 '첫 번째 개혁은 태도에서 시작해야 한다'라고 설명했다.

그가 더 자세히 말했다. '복음의 전도자는 사람들의 마음을 따뜻하게 할 수 있고, 그들과 함께 어두운 밤을 걸을 수 있고, 그들과 대화할 줄 알며, 사람들의 밤 속으로, 그리고 어둠 속으로 길을 잃지 않고 들어갈 수 있는 사람이어야 한다. 하느님의 사람들은 관료나 정부 관리처럼 행동하는 성직자들이 아닌 목회자를 원한다. 특히 주교는 사람들이 하느님의 자취를 따르도록 인내로 도와서 아무도 뒤에 남지 않도록 해야 한다. 그러나 그들은 또한 새로운 길을 찾는데 타고난 무리와도 동행할 수 있어야만 한다.'

프란치스코의 이 중요한 말을 그의 의도에 비추어 살펴보자. 첫째, 그는 교회 지도자들이 우리 사회에서 가장 소외된 사람들을 돕는 것이 얼마나 중요한지 말한다. 특히 이 사람들이 길을 잃거나 가난에 허덕이거나 힘든 시간을 겪고 있을 때 더 그런 것이다. 가톨릭 성직자들은 그들의 회중을 위해 아무리 어려운 상황이 닥쳐와도 함께 해야 하며 그들이 참고 견뎌내는 것을 도와야 하는 것이다('어두운 밤을 그들과 함께 걷는 것').

프란치스코는 여기에서 '대화'라는, 그의 중요한 테마를 또 하나 언급한다('대화할 줄 알며 사람들의 밤 속으로 들어가는 사람'). 프란치스코는 그의 글, 설교, 그리고 다른 작업에서도 대화의 중요성에 대해 자주 언급했다. 그는 성직자들이 시민들, 특히 젊은이들에게 깊이 관여하는 방법을 배우는 것이 아주 중요하다고 느낀다. 교황이 되기 전부터 그는 '대화는 비난이 아닌 따듯한 접대를 필요로 한다. 대화를 하기 위해서는 방어를 낮추고 문을 활짝 연 후에 상대방에게 따뜻함을 줄 수 있어야 한다'고 말했다.

그러나 그는 목회자와 그의 신자들 사이에 효율적인 소통을 방해하는 요인이 많이 있다고 주장한다. '일상생활 속에서 대화를 막는 장벽은 여러 가지가 있다. 잘못된 정보, 험담, 편견, 명예훼손, 비방이 바로 그런 것이다. 이 장벽은 다른 사람에게 마음을 터놓을 수 있는 기회를 박탈하는 문화적 선정주의를 형성한다. 이 때문에 만남과 대화가 줄어드는 것이다.' 대화를 강조하는 것은 다시 포용으로 연결된다. 성직자들이 공감적 소통을 할 수 없다면, 그들은 가톨릭 교인들에게 다가갈 수 없다.

다음으로, 그는 사람들이 교회 관리자들에게 무엇을 원하는지에 대하여 논한다('하느님의 사람들은 관료나 정부 관리처럼 행동하는 성직자들이 아닌 목회자를 원한다'). 여기에서 그는 성직자들에게 사람이 먼저이고 서류는 그 다음 문제라고 말한다. 이 말은 짧고 간결하지만, 교회 계급에 상관없이, 단순히 서류를 처리하는 사무직원이나 관리자가 되는 것 이상으로 사람들을 돕고 위로할 수 있는 방법이 있다는 것을 종교인들에게 상기시킨다.

이어지는 프란치스코의 말은 '사람이 먼저'라는 그의 주장을 강조한다. 교황이 되고 얼마 후, 프란치스코는 한 대주교에게 자신이 그에게 기대하는 것이 무엇인지 설명했다. "당신은 책상 뒤에 앉아 종이에 서명만 해서는 안 된다." 교황이 대주교에게 말했다. "나는 이제 당신이 항상 사람들과 함께 하기를 바란다. 부에노스아이레스에서 나는 종종 밤에 가난한 사람을 찾아 나서곤 했다. 이제 나는 더 이상 그렇게 할 수 없다. 내가 바티칸을 떠나기는 어려

우니, 당신이 나를 위해 그렇게 해주기를 바란다." 이는 바티칸에서 전례 없던 일이다. 새로운 교황이 한 대주교에게 밤에 나가 어려운 사람에게 손을 뻗어 그들이 먹을 수 있게, 지낼 곳을 찾을 수 있게, 그리고 다시 일어설 수 있도록 도와주라고 말했다. 많은 사람들이 대주교의 역할은 그 아래 있는 성직자들을 관리하는 것이라고 생각하는 반면, 프란치스코 교황은 그의 최고 성직자가 대중에게 직접적으로 영향을 미치는 원조를 하기 바랐다.

한 인터뷰에서, 프란치스코는 포용에 대해 직접적으로 언급했다(특히 주교는 사람들이 하느님의 자취를 따르도록 인내로 도와서 아무도 뒤에 남지 않도록 해야 한다). '누구도 포기하지 말라'는 말은 프란치스코의 정수이다. 정치인들 같은 많은 사회계층에서 아무도 뒤에 남기지 않는 것, 누구도 포기하지 않는 것에 대해 말한다(가장 쉽게 떠오르는 예는 조지 부시(Gearge W. Bush) 대통령의 학업부진아 방지(No Child Left Behind) 교육 프로그램이 있다). 그러나 진심으로 이 이야기를 하는 사람은 드물다. 이 점이 프란치스코 교황이 다른 많은 리더들과 다른 점이다. 정부와 비즈니스의 리더들은 종종 다양한 사람들이 듣기 원하는 말을 골라서 하기 마련이다. 그러나 프란치스코는 개인적 경험에서 오는 진실만을 말한다. 그는 영향력 있는 소수 집단을 위해서가 아니라, 그가 아끼는 대중에 힘을 실어주기 위해 움직인다.

외부인을
얻어라

안토니오 스파다라와 2013년 8월에 했던 같은 인터뷰에서 교황은 왜 교회의 엄격한 교리를 따르며 사는 사람들뿐만 아니라 교회 밖의 사람까지, 모두의 마음을 얻고 모두를 돕는 것이 중요한지 설명한다. '그저 문을 열어 두고 누군가 들어오면 환영하며 맞이하는 교회가 되기보다는 새로운 길을 찾아내는 교회가 되자. 우리는 밖으로 나가 미사에 참석하지 않는 이들, 교회를 그만둔 이들, 그리고 우리와 조금 다른 이들에게도 다가가는 교회가 될 수 있도록 노력해야 한다. 우리가 만약 제대로 이해하고 평가할 수 있다면 다시 교회로 돌아올 수 있는 사람들이 많다. 그러나 이를 위해서는 우리에게 대담함과 용기가 필요하다.' 다시 한 번 프란치스코는 그의 우선순위를 분명히 표명하고, 한편으로는 교회의 다른 멤버들이 그의 전례를 따르기를 권고한다. 프란치스코가 성직자들이 사람들을 최대한 도우며 특히 그들이 교회로 돌아올 수 있게 하는 데 집중하기를 원한다는 것은 앞에서도 언급했던 인용구에서 볼 수 있다.

'나는 교회가 오늘날 가장 필요로 하는 것은 상처를 치유하고 믿음을 뜨겁게 달굴 수 있는 능력을 가진 사람이라는 것을 분명히 알고 있다. 이를 위해 친밀과 접근이 필요한 것이다.' 프란치스코가 설명했다.

'상처받은'은 프란치스코가 자주 쓰는 표현이다. 그는 가난한, 탄압받은, 권리를 박탈당한 사람들이 '상처받고 떠도는' 사람들이라고 생각한다. 그들은 육체뿐 아니라 영혼도 치료가 필요한 위중한 상태에 있는 것이다. 목회자의 역할은 바로 여기 있다. 진심으로 포용하려면, 목회자는 소외되고 힘겨워하는 자들의 요구에 주목하고 그런 사람들이 있는 곳을 직접 찾아가야 하는 것이다.

의사 결정에
다른 사람의 의견을 수렴하라

　교회를 보다 포용적인 곳으로 만드는 동시에, 프란치스코는 그의 의사결정 과정에 다른 사람들의 의견을 파격적으로 수렴하는 전례 없는 조치를 취했다. 제3장에서 언급했듯이, 프란치스코는 8명의 추기경으로 이뤄진 그룹을 만들어 세계적인 논란거리에 대해 조언을 구했다. 그는 자신이 듣고 싶은 것만 말하는 추기경을 고르지 않았다. '예스 맨(yes-man, 윗사람에게 잘 보이려고 무조건 '예'라고 하는 사람)' 그룹은 베르고글리오, 즉 프란치스코가 가장 원하지 않는 부류였다. 대신 그는 서로 다른 국가들에서 매우 다양한 추기경들을 골랐다. 프란치스코가 고른 '8인방', 또는 '바티칸 8(V-8)' 추기경들 중 7명은 이탈리아가 아닌 다른 곳 출신이다.

　많은 사람들이 프란치스코가 창조한 국제 자문 위원회를 과감한 조치로 받아들였지만, 이를 회의적으로 바라보는 사람들도 많았다. 이탈리아인 기자 마시모 프랑코에 의하면, '그것은 새로운 통치 방식을 알리고, 교황청의 권력이 앞으로 어떻게 공유될지에 대한 비차등적 미래를 보여주는 새로운 조치였으며, 수많은 루머를 양산해냈다. 이는 앞으로 좀 더 두고 볼 일이다. 바티칸 대변인인 페데리코 롬바르디 신부(Father Federico Lombardi)가 여러 차례 언급했듯이, '8명의 추기경은 자문할 뿐이고 결정은 교황이 한다.'

　포용과 다른 사람들에게 자문을 구하는 태도는 비즈니스와 사회 세계에 다양하게 응용될 수 있다. 내가 오랫동안 연구해 온 성공적인 리더들은 항상 자신의 곁에 수많은 이슈에 관한 자문단을 가까이 두는 이들이었다.

전 국무장관이며 현재 미 육군 소장인 콜린 파웰(Colin Powell)은 조직의 정상에 있는 것이 얼마나 외로운 것인지 설명한다. 그렇기 때문에 당신에게 진실을 말하는 것을 두려워하지 않는 사람들, 그리고 당신이 직접 생각해내지 못한 새로운 아이디어를 찾아내는 능력과 경험을 갖춘 사람들을 곁에 두는 것이 중요하다.

여기 당신의 조직을 좀 더 포용적으로 만들 수 있는 방안들이 있다.

누구도 대기석에 남겨두지 말라

계속되고 있는 글로벌 경제 회복으로 인해 대부분의 기업과 조직들은 보다 적은 수의 사람으로 일을 처리하는 방법을 배웠다. 이것이 바로 세계 대부분의 국가에서 취업률이 떨어진 이유다. 그리스, 이탈리아, 스페인 같은 유럽국가에서는 특히 25퍼센트에 달하는 낮은 취업률을 보이고, 청년 취업률은 그 두 배를 웃돌 뿐이다.

결과적으로 오늘날의 기업들은 10년 전보다 훨씬 빈약하다. 때문에 당신의 조직에 있는 모든 사람은 최고의 실력자여야 한다. 그렇게 되기 위해서 당신의 직원들에게는 가능한 많은 정보가 필요하다. 나는 출판 업계에서 모든 출판 회의에 모든 부하직원을 대동하는 몇몇 회사를 알고 있다. 이런 시도는 많은 이점을 가지고 있다. 첫째, 모든 직원이 소속감을 느끼고 그로 인해 의욕이 높아진다. 동시에 이는 출판 업계의 직원들을 더 많이 훈련시켜 그중 몇몇이 언젠가 승진의 기회를 얻을 수 있게 한다. 마지막으로 이 업계의 리더들에게 폐쇄적인 '경영자만 모인' 회의에서 얻을 수 없는 새로운 관점을 얻을 수 있다. CEO와 다른 최고 경영자들은 부하 직원들과 손잡고 자신들이 회의실에서 내놓은 전략이 일터의 실상과 동떨어지지 않게 해야 하는 것이다.

당신의 의사결정 토론회를 만들라

왜 CEO만 이사회를 가질 수 있어야 하는가? 당신이 리더라면, 당신에게는 다양한 그룹의 조언이 간절히 필요하다. 당신이 공식적으로 그룹을 만들건 비공식적인 그룹을 만들건, 가장 중요한 것은 언제든 그룹 구성원이 자신들의 의견을 말할 수 있는 권한을 주어야 한다는 것이다. 정기적으로 이 위원회를 소집하라. 항상 주요 안건을 미리 알려 당신의 '자문 위원'들이 어떤 문제에 관해 미리 생각할 시간을 가질 수 있게 하라. 다음, 당신이 중요한 안건을 빠뜨리지 않도록, 각 위원에게 당신이 주목해야 하는 몇 가지 주요 항목을 가져오게끔 하라. 이 방법으로 당신은 이들과 원활히 소통 할 수 있다. 마지막으로 프란치스코의 전례를 따라 예스맨을 당신의 자문위원회에 가까이 오지 못하게 하라. 후에 자문위원 중 몇 사람 내보내야 할 상황을 두려워하지 말라.

- **1년에 한 번 고객과 협력업체를 위한 회의나 회담을**
- **고려해 보라**

나는 특정 회사와 조직에서 이것이 매우 성공적으로 이루어지는 것을 보았다. 고객과 협력업체는 분명히 당신의 비즈니스에서 중심적인 요소들이다. 이 둘을 한꺼번에, 아니면 각기 따로 볼 수 있는 행사를 생각해 보라. 이것은 당신의 주요 고객들을 위한 간단한 점심식사가 될 수도 있고, 협력업체와 고객 모두를 위해 열리는 이틀에 걸친 회담이 될 수도 있다. 만약 후자를 선택할 경우, 행사를 함께 해낼 수 있는 확실한 그룹을 준비하라. 그리고 행사의 재미보다는 생산성을 강조하라. 물론 행사가 즐거워야 하지만 당신의 우선순위는 당신의 파트너, 고객, 그리고 협력업체와 좀 더 깊은 관계를 형성하는 것이다. 실행 계획과 일람표 같은 것들을 만들기 위해서는 오랜 시간이 걸린다. 그러니 당신과 동료들에게 행사를 최대한 완벽히 준비하고 해낼 수 있는 시간을 충분히 주도록 하라.

6

편협성을
피하라

이 장에서는 다양한 각도에서 교황의 사상을 포괄적으로 살펴본다. 사회 각계각층의 사람들을 대하고 모든 사람들에게 도움을 베푸는 기관들은 어느 상황에서건 편협한 입장을 취해서는 안 된다.

수년간, '편협함'은 많은 대형 기관들에서 합리적인 이유를 들어 쉽게 포장하는 개념이었다. 가톨릭교회의 경우 수세기 동안 교리에 큰 변화가 없었고 이것을 이유로 교회는 비난의 대상에서 제외되었다. 바티칸은 라틴어로 예배를 드리지 않거나 제당을 신도들에게 향하도록 하는 등 미사를 보다 호소력 있게 진전시키는 노력을 했던 반면, 외부인들이 교회에 쉽게 접근하게 하기 위한 근본적인 가치의 변화는 없었다. 가톨릭교회뿐만 아니라 많은 대형 연맹들과 다국적 기업들은 때로 고립된 자세를 보여주곤 한다.

교황 프란치스코는 '편협함'이라는 단어의 의미에 대해 다소 조심스럽고 광범위하게 서술했다. 먼저 그의 의견에 대해 이야기하기 전 'NIH 증후군'으로도 불리는 편협성에 관해 살펴보도록 하자. 경영학자인 니콜라스 웹(Nicholas Webb)과 크리스 툰(Chris Theon)에 따르면 NIH 증후군은 이렇게 정의된다.

편협성은 사회, 기업, 또는 제도적인 문화권 안에서 일상적으로 나타나는데, 외적인 독창성이나 가치보존을 위해 이미 존재하는 생산품이나 연구, 기준, 또는 지식의 사용이나 구입을 회피하는 것을 말한다. 이러한 이유는 다양하다. 다른 사람들의 가치를 인정하고 싶지 않거나 그것을 이해지 못함에서 나타나는 두려움일 수도 있다. 또는 기존의 영역을 넓히는 과정에서 발생할 수도 있다.

쉽게 말해 편협한 자세를 취하는 단체들과 NIH 기관들은 대부분 한 가지 공통점을 갖고 있다. 그것은 '우리는 모든 답을 알고 있다' 또는 '우리가 발명한 것이 아니면 쳐다보거나 알 가치도 없다' 하는 식의 오만한 사고방식과 태도이다. 편협한 태도와 가장 깊게 관련된 다국적 기업으로는 오리지널 다우 주식(1896년 찰스 다우에 의해 만들어짐)의 리스트에서 마지막까지 남았던 제너럴 일렉트릭사(General Electric)가 있다. 제너럴 일렉트릭사는 수년간 〈포춘〉에 세계에서 가장 존경받는 회사 1위로 꼽혔다. 그러나 이 회사는 많은 이유들에 의해 그 명성을 잃었다(2008년과 2009년 금융위기 당시 악성루머에 의해 주가가 6달러 이하로 폭락했던 사례 등).

1960~1970년대에 제너럴 일렉트릭사는 수십 개의 '전략적 사업단위(strategic business units)'로 이루어진 시범기업들 중 표본적인 회사로 꼽히며 유명 경영 대학들의 교과서와 사례집에 항상 등장하곤 했다.

그러나 이러한 주목은 결과적으로 회사에 악영향을 끼쳤다. 이 회사가 얻은 수많은 호평들은 회사를 편협함의 굴레에 갇히게 만들었다. 지금도 많은 사람들은 이 편협성 증후군은 제너럴 일렉트릭사에 의해 만들어졌다고 한다. 제너럴 일렉트릭사의 경영진과 간부들의 생각은 이와 같다. '우리는 제너럴 일렉트릭사를 대표하는 사람들이다. 우리에게 도움 같은 것은 필요하지 않다.' 결과적으로 이 회사는 1970년대까지 관료정치와 복합기업체(서로 관계를 맺지 않고 자급자족하는 사업체들의 모임)로 지나치게 비대해졌고 결국은 고립된 단체로 몰락해 버렸다(오로지 잭 웰치를 홍보함으로써 회사는 편협함의 악영향을 이겨내고 다시 과거의 영광을 얻었다. 후에 잭 웰치는 〈포춘〉에서 주최하는 '세기의 경영자'로 등극한다).

대화는 벽을 허무는
열쇠이다

　편협한 태도를 벗어나는 확실한 방법은 자신과 다른 관점을 가진 다양한 사람들과 대화하고 그들의 의견을 듣는 것이다. 당신이 속해있는 집단의 안팎뿐만 아니라 다른 지역의 사람들 그리고 전 세계 곳곳의 사람들과 허물없이 대화를 나눌 수 있어야 한다. 제5장에서 언급했듯이, 프란치스코 교황은 세계 각국에서 자신을 자문할 여덟 명의 추기경들을 선별해 '추기경 자문단(Counseling body)'을 만들고 V-8이라고 명명했다. 우리는 다양한 의견들을 수용하는 것이 중요한 일이며 교황이 이를 실천하고 있음을 알 수 있다. 하지만 겨우 몇 년에 한 번씩 모이는 이 자문단의 설립은 문제 해결 방안의 일부분에 불과하다. 앞서 제

1장에서 언급한 바와 같이 편협함을 피하는 또 하나의 열쇠는 모든 종교, 인종, 경제적 계층과 대화를 통해 교류하는 것이다.

교황처럼 대화의 중요성에 대해 서술해온 리더들은 많지 않다. 기자인 앤마리 C. 메이어(AnnMarie C. Mayer)는 높이 평가받는 국제 기독교 학술지에 프란치스코 교황의 대화의 진행에 대한 내용을 기재했다.

'우리는 새로운 대화의 국면을 맞이한다. 교황 프란치스코는 유태인들과 이슬람교도들과 만남을 통해 함께 많은 대화를 나누었다. 2011년 《천국과 지상에서(Sobre el cielo y la tierra)》라는 제목의 책을 내고 부에노스아이레스의 라틴 아메리카 랍비 세미나(Rabbinical Seminar)의 교구목사인 랍비 아브라함 스코카(Rabbi Abraham Skorka)와 함께 《모든 사람들(all and sundry)》이라는 책을 내기도 했다. 이들은 종교 간의 대화가 무엇인지를 정확히 보여준다. 그들의 궁극적인 목표는 모든 종교단체들이 적극적으로 동참하며 서로에게서 배움을 얻는 것이다.

프란치스코 교황은 진정한 대화란 각 단체들이 서로를 존중하고 경청하는 태도로 상대방의 말을 들을 수 있을 때 실현될 수 있다고 설명했다. 이러한 그의 근본적인 겸손의 태도는 우리에게 존중, 존엄, 그리고 인종 또는 종교의 차이를 떠난 열린 대화의 방법을 가르쳐 주고 있다.

진정한 선지자처럼
이끌라

　교황으로 임명되기 3년 전, 프란치스코는 다른 사람들과 중요한 목표의 달성을 위해 함께 일하는 것이 얼마나 중요한지에 관한 글을 썼다. 그는 가장 자아도취적인 사람은 자신이 모든 답을 알고 있다고 자만하는 사람들이라고 말했다. '누군가가 스스로 자급자족하며 살 수 있고 모든 것의 답을 갖고 있다면 그것은 그의 곁에 신이 없다는 증거이다. 자급자족은 오직 자아를 위해 종교를 이용하는 잘못된 종교 지도자들이 말하는 내용이며 그들이 거짓 예언자임을 밝히는 증거이기도 하다.' 그는 여기서 멈추지 않았다. 다재다능한 신학자인 만큼 구약성서를 통해 왜 우리 모두가 '모세의 지도력'을 갖추어야 하는지를 설명했다.

주님의 자녀들을 다스리는 훌륭한 지도자들은 그 능력에 의심의 여지가 없는 사람들이었다. 모세의 이야기로 돌아가 보면, 그는 지구상에서 가장 겸손한 품성을 가진 사람이었다. 유일하신 주님 앞에서는 그 누구도 겸손해 질 수밖에 없으며 하느님의 자녀들을 이끄는 지도자가 되고 싶은 자는 하느님께 자신의 자아도취적 모순들을 바쳐야 한다. 겸손함과 진정한 회개로 자신의 죄와 부족함을 인정하는 태도를 갖추고 죄악의 경험으로부터 멀어짐으로 말미암아 우리는 새롭게 거듭날 수 있다. 자신감이 넘치고 고집스런 자는 좋지 않은 리더의 예다. 그들의 특성 중 하나는 자만심에서 비롯된 지나치게 규범적인 태도이다.

이러한 태도들은 명백하게 겸손함으로 이끄는 리더의 자세가 아니다. 오늘날 우리는 자신감이 사회 속의 승리를 위한 필수요소라는 말을 얼마나 많이 듣는가? 아마 풋볼이나 농구 경기 휴식시간에 선수들에게 '자신감을 내려

놓아라'라고 말하는 코치는 없을 것이다. 교황은 오직 승리를 위해 자신의 사람들이 목표나 꿈만을 위해 달리기보다 자기성찰과 역경의 시간들(내적갈등의 경험 등)을 통해 진정한 리더가 되라고 말한다. 자신에 대해 돌아보는 태도는 당신을 좀 더 청렴하고 겸손한 리더로 만든다. 이것들은 당신이 가장 절박한 순간에 도움의 손길을 내밀어 줄 수 있는 숨은 요소들이다. 우리는 이를 통해 프란치스코의 가르침의 핵심을 알 수 있다. 더불어 그는 위대한 사람이 되기 위해 꼭 독실한 기독교인이 되거나 신을 믿어야 하는 것은 아니라고 말한다. '나는 무신론자들보다 불가지론자들을 더 많이 알고 있다. 전자는 확신이 없을 뿐이지만 후자는 확신에 차 있다. 신을 믿는 사람이든 믿지 않는 사람이든 인간은 신의 형상을 하고 있기 때문에 모든 사람은 일련의 덕목과 자질, 그리고 고귀함을 갖고 있기 마련이다. 내 자신도 그러하듯, 만약 누군가가 마음속에 악한 생각을 가지고 있다면 우리는 그것을 서로 공유함으로써 극복해낼 수 있다.'

참된 교황의
자세

사람들은 교황이 '본인에 대한 의구심'을 갖거나 '어두운 과거'를 가지고 있을 것이라고 예상하지 못한다. 하지만 종종 교황의 모습은 연약하고 인간적인 면모를 함께 보여 준다.

프란치스코는 교황으로 선출된 뒤에 전례에 없는 일들을 몇 차례 행하였다. 이 책에서 언급된 행보들 외에도 그는 성 베드로 광장(St. Peter's Square)에 모인 수많은 관중들 앞에 모습을 드러낼 당시 측근에게 예상치 못한 요청을 했다.

그는 당시의 특별한 요청을 했던 상황에 대해 이렇게 묘사한다. 사람들에게 축복을 내리기 전에 이렇게 말했다.

"이제 제가 축복을 내릴 차례입니다. 하지만 그 전에 먼저 당신에게 부탁해야 할 일이 있습니다." 그리고 이렇게 말했다. "저를 위해 주님께 기도해 주셨으면 좋겠습니다." 이것은 주교에게 신의 축복을 바라는 중보기도를 의미했다. "조용히 기도를 합시다." 주교 자신을 위한 사람들의 기도가 시작되었다. 조금 시간이 흐른 뒤, 그가 말했다. "이제 제가 당신과 세상을 축복하겠습니다. 선한 마음을 가진 이 세상의 모든 남자와 여자를 위하여."

12억 인구의 리더이자 세계에서 가장 오래된 기관 중 하나인 곳의 지도자가 본인을 위한 기도를 다른 사람들에게 부탁하는 것이 얼마나 드문 일인가. 하지만 그는 조금의 망설임도 없었다. 몇몇의 사람들은 이러한 행보가 그의 인간적 약점과 나약함을 보여준다고 생각할 수 있다. 그러나 겸손의 리더로서 겸손의 삶과 이의 접목을 위해 인간적인 나약함을 드러내며, 권위를 내려놓음은 많은 이에게 귀감이 되었다.

교황의 친구이자 앞서 언급한 《천국과 지상에서(On

166

Heaven and Earth)》의 공동저자 랍비 아브라함 스코카 (Rabbi Abraham Skoka)는 교황의 생각에 의거해 무엇이 효과적인 리더를 만드는가에 대한 이야기를 한다. '어떤 종교의 지도자이건 자부심이 강하고 겸손함이 부족하며 확신에 차서 거만하게 말하는 자는 좋은 지도자가 아니다. 다른 사람들을 어떻게 대해야 하는지 알지 못하고 끊임없이 '나는'으로 말을 시작하는 거만한 지도자는 종교 지도자가 되어서는 안 된다.'

편협함에 물들지 않도록 주의하기 위해서는 어떤 추가적인 단계들이 있을까? 다음과 같은 내용을 접목해 보도록 하자.

조직 내부의 편협함을 없애라

이것은 매우 중요한 의무와도 같다. 당신의 회사가 속해 있는 시장과 외부에서 일어나는 일에 무관심한 행동은 버려야 한다. 고립된 사고방식과 만연한 태도로 인해 직장 동료들이 무슨 일을 하고 있는지조차 알지 못한다면 이보다 더 나쁜 소식은 없을 것이다. 우리는 종종 부서 간의 마찰과 영역권 갈등에 대한 이야기들을 접할 수 있다. 판매부서와 마케팅부서 사이의 갈등 또는 마케팅부서와 제조부서 간의 갈등이 그 예다. 지난 수년간 외부와 소통하지 않는 고립된 부서들을 '사일로(silos)'라고 불러왔다. 당신의 회사에서 사일로와 같은 생각과 행동들을 예방하기 위해서는 각 부서의 핵심 인력들을 구성하여 편안한 분위기의 점심식사 자리를 마련해 볼 필요가 있다. 단, 중요한 사항은 그 자리에 있는 모든 사람들을 서로를 공평하게 대우하고 평등한 논의를 하며 대화해야 한다는 것이다. 이런 기회를 통해 동료들이 기업에서 각각 어떠한 기여를 하고 있는지에 대해 이해할 수 있고 조직 내 자리 잡은 편협함을 제거할 수 있도록 한다.

편협성 증후군을 위한 해답

보통 사람들은 경쟁업체들이 자기 회사보다 더 나은 부분에 대해 관심을 가지고 있다. 우리는 경쟁업체의 기밀을 훔치기보다 조직원들에게 스스로 최고의 업무 처리 능력을 배양할 수 있도록 해야 한다. 예를 들어, 아이폰이 출시된 직후 모든 스마트폰들은 터치스크린으로 바뀌게 되었다. 현대의 발 빠른 정보력과 기술력으로 경쟁사가 무엇을 어떻게 하고 있는지 쉽게 알 수 있다. 교황은 이렇게 말한다. "과거에 대한 집착을 하는 사람들은 사물을 감정적이고 고립된 시각으로 바라본다." 과거에 당신의 회사에서 작동했던 아이디어들을 돌이키려 노력하지 마라. 오늘날의 세상은 아주 빠른 속도로 변하고 있으므로 당신은 미래에서 답을 찾도록 해야 한다.

경쟁사나 관련 업체의 리더를 초청해 강연하라

20년 전만 해도 경쟁업체나 관련회사의 리더를 초청해 강연하는 것은 상상조차 할 수 없는 이야기였다. 하지만 오늘날 많은 기업들이 다른 회사들과 모범적인 경영안을 공유하고 있다. 만약 당신의 직접적인 경쟁업체가 아니더라도 비슷한 분야의 CEO를 초청할 수 있는 위치에 있다면, 그렇게 하도록 하라. 그리고 답례로 그들에게 같은 기회를 제공하라.

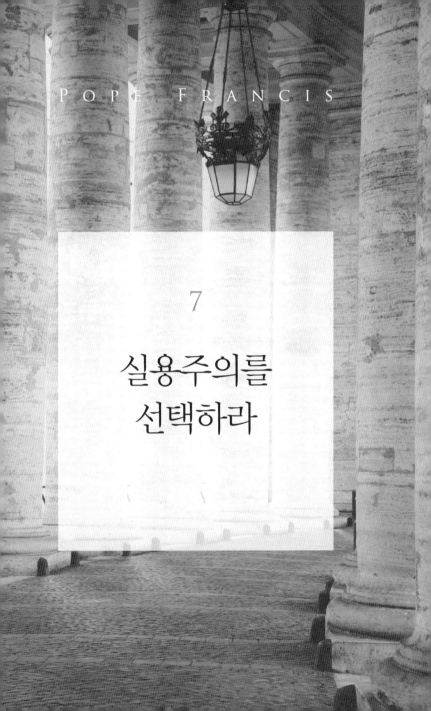

7

실용주의를
선택하라

이 장에서 다루는 리더십의 교훈은 아마도 당신의 예상을 벗어나는 내용일 수도 있다. 하지만 교황이 주는 교훈 속에 지속적으로 내포하여 우리에게 유익한 내용이다.

교황은 자신의 글과 연설에서 리더들에게 상황을 개별적으로 바라보고 개인의 가치에 따라 판단할 것을 당부한다. 〈예수회(El Jesuits)〉에서 발췌한 그의 연설문 일부의 내용은 다음과 같다. '나는 모든 답을 갖고 있지 않다. 나는 모든 질문들조차 갖고 있지 않다. 그래서 언제나 새로운 질문들을 갖는다. 답은 각각의 상황에 따라서 달라져야 하고 당신은 이를 기다려야 한다.' 프란치스코는 종교 지도자들에게 누군가를 도우려면 도덕적인 선을 넘지 않는

범위에서 필요하다면 무슨 일이든지 해야 한다고 충고한다. 그리고 그들을 돕는 과정에서는 진흙탕에라도 들어갈 굳은 각오가 되어 있어야 한다고 말했다.

2010년, 교황은 다음과 같이 말하였다. '나는 우리가 손을 더럽혀야 함을 의심치 않는다. 오늘날, 가톨릭 신부들은 더 이상 카속(가톨릭 성직자들이 입는 제복)을 입지 않는다. 그런데 새로 임명된 한 신부가 카속을 종종 입곤 했다. 그리고 몇몇의 신부들이 그를 비난했다. 그래서 그는 한 지혜로운 신부에게 물었다. "제가 카속을 입는 것이 잘못된 일인가요?" 지혜로운 신부는 이렇게 대답했습니다. "문제는 카속을 입느냐 마느냐가 아니다. 정말로 중요한 것은 당신이 남을 위해 좋은 일을 하기 위해서 그 옷의 소매를 걷어붙일 수 있느냐다."

프란치스코는 후에 성당 전체에 이러한 설교를 한다. 이것은 그의 설교 중에 가장 많이 인용되는 구절이기도 하다. "거듭 말해 나는 종종 신부들과 부에노스아이레스의 평신도들에게 말해왔다. 나는 멍들고, 굶주리고, 솔직하

게 오픈한 성당들이 더 좋다. 왜냐하면 그들은 안보에 매
달려 사방이 꽉 막혀있는 비정상적인 성당들과는 달리 누
구에게나 열려있기 때문이다. 나는 성당이 세상의 중심에
있지 않다고 걱정하지 않았으면 좋겠다. 그러한 생각을
가진 성당은 강박과 절차에서 견디지 못해 무너질 것이기
때문이다."

교황의
실용적 자세

　교황은 자신이 원하는 대로 세상을 보지 않고 있는 그대로로 바라본다. 우리는 이전 챕터에서 편협함에 대응하는 그의 몇 가지 방책들을 살펴보았다. 그중 하나는 세계가 빠르게 변하고 있다는 사실을 인정하는 태도이다. 그러나 가톨릭교회같이 거대한 기관이 따라잡기에 세계는 아주 빠른 속도로 변하고 있다. 가톨릭교회의 리더들은 변화를 위해 최선을 다해야 하지만 좀 더 빠른 변형의 선상에 있는 세상에 몇 천 년 전에 세워진 기준을 맞추도록 강요하는 것은 옳지 않다.

　프란치스코는 교황이 되기도 전에 가톨릭교회가 새로운 세계에 반응하는 데에는 한계가 있음을 인정했다. '교회가 사회의 변화 속도에 리듬을 맞출 수 없다는 것을 인정한다. 하지만 신성한 신의 음성을 청하는 지도자들이라면 이를 위한 해결책을 위해 충분한 시간을 할애해야 한다. 그럼에도 불구하고 경제적, 문화적, 지정학적인 이해관계를 혼란시킬 수 있는 위험성은 존재한다. 따라서 우리는 구분 짓는 방법을 아는 것이 중요하다.' 프란치스코는 실용주의자이며 현실주의자다. 가장 높고 선의적인 이상도 현실과 맞지 않는다면 번영할 수 없다. 교황은 가톨릭교회의 핵심적인 가치관의 변화를 바라지 않는다. 다만 교회가 끊임없이 변화하는 세계의 네트워크와 양립할 수 있도록 운영체계를 개선하기를 원한다.

그는 교황으로서 변화에 대해 다음과 같은 이슈를 다루었다. '만약 어떤 기독교인이 세상 모든 것이 투명해지고 안전해지기를 바란다면 그는 아무것도 찾을 수 없을 것이다. 과거의 전통과 기억은 반드시 우리가 새로운 영역에 발을 들여놓을 수 있는 용기로 거듭나야 한다.'

'새로운 영역에 발을 들여놓을 수 있는 용기'를 내는 것은 매우 간단해 보인다. 하지만 너무나 많은 기관들이 실패한다. 왜냐하면 그들의 리더가 과거에서 벗어나지 못한 채 예전에나 가능했던 구태의 방식들을 고수하고 미래에 맞서는 것을 두려워하기 때문에 조직에 적합한 새로운 전략적 비전을 마련할 수 없기 때문이다. 이러한 사례는 세계적으로 유명한 몇몇의 기업들에도 실제 일어났던 일이다.

인텔(Intel)의 전설적인 공동 창립자 앤디 그로브는 그의 저서인 《경쟁에서 살아남는 법(Only the Paranoid Survive)》에서 '전략적 변화의 시점(Strategic inflections point)'이란 단어를 다음과 같이 설명한다. '전략적 변화의 시점은 강력한 힘과 같다. 그 전에 일어났던 어떠한 변화들보다 열 배는 강력한 변화 또는 '와해성 기술(업계를 완전히 재편성하고 시장 대부분을 점유하게 될 신제품이나 서비스)'이다.' 인텔에게는 일본의 메모리칩과의 경쟁이 전략적 변화의 시점이었다. 일본 메모리칩은 값 싸고, 더 강력하며 결과적으로 80년대 중반의 핵심 시장을 뒤흔들어 놓았다. 앤디 그로브가 비로소 인텔이 핵심 제품을 버리고 무언가 새로운 것을 갖고 나와야 한다는 것을 깨달았을 때 등장한 것이 마이크로프로세서였다. 이로 인해 인텔은 또 한 번 새로운 분야의 개척자가 되었다.

여기서 주의할 점은 인텔의 변신이 고통 없이 이루어지지 않았다는 점이다. 회사 인력의 3분의 1은 일시 해고 되었고 회사의 재발명은 한순간에 이루어지지 않았다.

디즈니사(Disney)에서 전략적 변화의 시점은 1966년에 있었던 창립자의 죽음이었다. 회사를 떠맡게 된 책임자들은 새로운 시도를 하기 두려워했고 모든 결정 사안은 '만약 월트라면 어떻게 했었을까?'에 대한 논의로 이루어졌다. 그리고 디즈니사는 거의 폐업의 위기를 맞았다. 결국 '월트가 만든 집'을 재발명하기 위해 외부 기업인 파라마운트사(Paramount)의 마이클 아이즈너(Michael Eisner)가 새로운 CEO로 들어왔다. 오늘날 많은 회사들이 폐업의 위기를 마주하고 있다. 그 이유는 회사의 간부들이 단순하게 회사를 성공의 반열에 오르게 한 제품들이 계속해서

놀라운 성과를 가져다 줄 것이라고 믿기 때문이다. 가장 주목할 만한 예로는 블랙베리(BlackBerry)가 있다. 블랙베리사는 한때 휴대전화업계의 왕이라고 할 수 있었지만 지금은 키보드 제품으로 그 인지도를 이어간다. 이 회사는 최근 들어 애플이나 삼성 같은 기업의 스마트폰의 출시로 산산조각이 났다. 디즈니와 인텔의 경우와는 달리 블랙베리가 업계에서 다시 정상의 자리를 획득하는 것은 거의 불가능하다고 볼 수 있다. 사실상 이 회사의 가장 치열한 싸움은 다시 선두에 서는 것이 아니라 업계에서 그저 살아남는 것뿐이다. 블랙베리가 다시 실용적인 태도로 변하고 혁신적인 상품을 내놓지 않는 이상 그들의 재기 가능성은 거의 없다고 볼 수 있다.

선구자적 실용주의의
삶이란

교황은 가톨릭교회의 지도자로서 많은 방식의 실용주의를 실천하였다. 그는 세계가 거대하고 다양한 장소임을 알고 인정한다. 현재의 세상이 동성결혼이나 일상에서 큰 부분을 차지하고 있는 과학 기술과 이의 발전, 그리고 생태학적 이슈에 대해 더 많은 중점을 두는 것처럼 다양한 문화들 속에서 시대 변화에 따라 새롭게 떠오르는 기준인 '뉴 노멀(New Normal)'의 정의가 교회의 전략적 변화의 시점이 되는 것이다. 또한 그는 베네딕토 16세나 이전 교황들의 통치 아래서 불가했던 교회의 개방화를 위해서는 엄격하고 보수적인 교회의 교리들을 무너뜨려야만 한다고 말한다. 합법적인 동성결혼과 이혼을 허락하고 개인의 성적 취향을 존중하는 것이 그 예다.

여기에 프란치스코 교황이 존경하는 사람들이 있다. 그들은 혼인여부나 성적 취향으로 구분되는 특정 사회계층과 무관한 사람들이다. 그들은 밤낮으로 자신의 본분을 넘어서 그가 말한 '선구자(Frontier)'의 삶을 사는 사람들이다.

교황은 본인의 경험을 통해 '선구자'를 설명한다. '선구자'들은 우리 주변에 많다. 병원에서 일을 하는 간호사들을 생각해 보자. 그들은 스스로 개척의 삶을 살고 있고 한 예로 나는 그들과의 만남을 통해 생명을 구한 적이 있다. 내가 폐병으로 병원을 다닐 적에 의사는 나에게 적정량의 페니실린(penicillin)과 스트렙토마이신(streptomycin)을 처방해 주었다. 하지만 당시 나를 주치했던 한 간호사는 처방된 약의 복용량을 세배가량 늘려주었다. 그녀는 실질적인 판단력을 내릴 수 있을 만큼 매우 순발력 있고 대담한 사람이었고 온종일 아픈 사람들과 지낸 경험으로 무엇이 필요하고 어떠한 판단을 내려야 하는지를 잘 알고 있었다. 실질적으로 나를 주치해 주는 의사는 연구 실험실에서만 지냈다. 그렇기 때문에 실질적인 경험을 바탕으로 누구보다 나의 질병 상태를 잘 간파한 간호사는 올바른 선택을 내릴 수 있었고 개척의 삶을 매일 삶속에서 마주하고 실천하였다.' 교황은 남들 뒤에 서기만 해서는 사람들을 이끌 수 없다고 말한다. 리더가 자리에 없다고 하더라도 문제가 끝나지 않는 곳에 앞장서서 사람들을 이끌어야 한다.

이를 위해 '대범함(프란치스코 교황이 좋아하는 또 하나의 단어)'과 용기를 갖고 있어야 한다. 그의 자서전을 쓴 폴 발레리는 이렇게 언급했다. '확실히 교황은 그의 삶의 모든 시기에서 상황 판단력이 빠른 사람이다. 하지만 순전히 야심만이 아니라 그가 맡은 일들에서 담대한 용기들을 보여 왔다. 군사 독재의 피해자들을 몰래 빼내오거나 빈민가에서 마약 상들에게 맞서고 이단의 반발과 배교(背敎), 아르헨티나와 로마의 종교적 극단주의자들의 불신에도 불구하고 종교 간의 대화가 필요하다는 자신의 철칙을 고집하는 등 그가 보여준 용기 있는 행동들은 계속해서

이어지고 있다. 동시에, 근본적으로 겸손함을 가진 그의 판단은 스스로의 독단적이고 권위주의적인 면과 투쟁을 한다.'

이념에 의지하기보다 좀 더 실제적인 사람이 되기 위해서는 무엇을 할 수 있는가? 다음의 견해들을 살펴보자.

실용주의적 사고

실용주의자들은 그들이 원하는 대로 세상을 바라보기보다 있는 그대로를 본다. 프란치스코 교황은 자신을 낮추어 '통치적 동물'에 비유하곤 한다. 그는 어떠한 방식으로도 본인을 알리는 캠페인을 낮은 태도로 일관하였다. 그럼에도 불구하고 266번째 교황이 되기 위해서는 의회의 통치적 상황을 이해해야 한다는 것을 알고 있었다. 프란치스코는 사람들에게 사내 통솔에 관여하라고 독려한다. 왜냐하면 집단의 기층문화나 통치에 관여하지 않는 사람들은 뒤처지거나 홀로 남겨질 것을 알고 있기 때문이다. 이런 행위가 시간 낭비처럼 느껴질 수 있으나 사내 통치에 참여하는 이에게 비난을 하고 피하기보다는 내부의 질서와 규범을 위해 참여토록 해야 한다. 또한 리더로서 협조자와 비협조자들 사이에서 굴복해서는 안 된다. 만약 문제 해결을 위해 당신의 리더십 기술을 보여줄 때에는 극적인 드라마를 사용하라. 서로 대립하는 사람들을 모아 하나의 팀을 만들고 서로에게 독이 되기보다 협력하는 분위기를 조성해야 한다. 이때 당신은 무자비해져야 하고 쓴 뿌리를 잘라내야 할 것이다. 하지만 대부분의 사람들은 문제 해결을 위한 그들의 적극적 참여를 희망하지 않고 악한 자들이 추방되는 것만을 반길 뿐이다.

새로운 영역을 넓혀라

프란치스코는 사람들에게 활동분야의 새로운 길을 개척하도록 설득한다. 새로운 아이디어나 제품 또는 서비스 등을 실험하는 것은 실용주의자들이 세상을 바라보는 시각과 틀림없이 일관된다. 왜냐하면 그들은 개인이나 단체에 잘 접목되던 것들도 언젠가는 구시대적 사고로 전환된다는 사실을 알고 있기 때문이다. 인텔의 창립자는 이와 관련하여 비싼 교훈을 얻은 셈이다. 공동창립자인 앤디 그로브는 경영진에게 언제나 새로운 아이디어와 제품을 실험할 것을 당부한다. 새로운 절차들을 평가하는 것 또한 회사가 유행을 따라잡는 데 도움이 된다. 일의 흐름을 가늠해 보고 더 나아가 새로운 기술력을 도입할지를 결정하는 것은 매우 중요하다.

● 선구자로 살아라

'선구자(frontier)' 또는 '새로운 선구자(new frontier)'는 존 F. 케네디(John F. Kennedy)가 대통령 선거 캠페인에서 자주 사용한 단어로 유명해졌다. 프란치스코 교황은 조금 다른 의미에서 이 단어를 사용한다. 그는 한계의 범위를 용기 있는 행동으로 초월하라고 말한다. 스스로가 만들어냈거나 혹은 사회와 관습으로 인해 만들어진 한계를 뛰어넘도록 자신을 밀어붙이는 것을 두려워하지 말라고 전한다. 이러한 용기 있는 행동을 했을 때 결과적으로 당신이 이뤄낸 성취에 놀랄 것이다.

8

의사결정에는
안목이
필요하다

의사결정은 필수적인 리더십의 요소다. 우선순위를 결정하거나 모범을 보여야 하는 등 리더로서의 역할을 제대로 알아야 하기 때문이다. 리더의 의사결정은 또한 교황이 가장 좋아하는 주제 중 하나이다. 그는 그동안 그가 어떤 식으로 의사결정을 해왔고 어떻게 발전시켜 왔는지에 대해 자신의 비법을 종종 이야기한다. 우리는 그가 말하는 의사결정의 발전과정을 완벽하게 파악하지 못할 수도 있다. 하지만 최소한 어떻게 '과정속의 거듭남'을 거쳐왔고 어떠한 방법으로 의사결정을 해왔는지에 대해 알 수 있을 것이다.

의사결정의
구조적 체제

프란치스코는 오랜 시간 동안 자신이 조직의 구조적 체제에 전혀 영향을 받지 않는 것은 아니라고 믿어왔다. 앞서 언급했듯이, 그가 교회의 체제와 자신의 위치를 이해하였다는 점에서 그의 실용적인 면모를 알 수 있다. 그는 자신을 포함해서 리더들에게 동기부여를 한다. '우리는 모두 리더로서 통솔력을 지닌 동물이다. 인간과 종교적 가치에 대한 설교는 사회의 규범을 다지는 통솔력에 많은 영향을 준다.' 그는 자신이 영적 리더이자 통치적인 역할을 담당하고 있음을 말한다. '현재의 통치는 아이디어와 제의를 상실해 버렸고 통치 공약들은 심미적인 발상으로 전락해 버렸다. 오늘날, 표면적으로 제안되는 이미지는 모든 것을 판가름한다. 플라톤은 '국가(The Republic)'에 통치는 사람에게 필요한 화장품 같은 존재라고 말한다. 우리는 필수적인 것들을 배제한 채 여론과 마케팅을 떠받들고 있다.'

필수적인 요소가 빠진 즉각적인 의사결정은 오늘날의 리더들에게 심각한 결과를 초래했다. 리더들이 의사결정을 하는 방법은 그들이 무엇을 결정하는지만큼 중요하다. 리더는 반드시 정책을 반영해서 의사결정을 해야 한다. 의사결정을 할 때 자신들의 직감을 지나치게 믿는 정치가들이나 기업의 지도자들이 많이 있지만 그것에 연연할 필요는 없다. 교황은 직감에 충실한 사안들은 충동적이며 직감적인 리더십은 언젠가는 대가를 지불한다고 말한다. 젊은 시절 교황 프란치스코가 만든 충동적 의사결정들은 두 가지 부정적인 결과를 낳았다. 첫째, 그의 성숙하지 못한 면모를 부각시켰으며, 두 번째 다른 사람들로부터 그가 극단적이며 보수적인 리더로 평가받게 만들었다.

또한 그는 다른 사람들의 자문 없이 중요한 사안들을 결정하는 것이 또 다른 결점을 만든다는 것을 깨달았다. 여러 사람의 자문의 필요성을 강조하는 그의 자세를 통해 다시 한 번 우리는 포용적인 태도를 배울 수 있다. 우리는 이러한 그의 의사결정 방법들을 본받아야 할 것이다.

겸손한
태도를 길러라

앞서 진정한 리더의 통솔이란 다른 사람의 의견을 경청하고 신중한 결정을 내리는 것이라고 정의한 교황의 말은 겸손한 리더의 자세를 잘 말해준다. 그는 세심한 결정을 통해 겸손한 태도의 모범이 되었다. 예를 들어 그는 호텔로 돌아올 때 교황 전용 자동차행렬을 통해 돌아오는 대신 버스를 이용했다. 이것 또한 그의 판단력에 대하여 많은 것을 시사한다(개별적으로 호텔로 돌아가기로 결정한 이유는 본인의 사용요금을 지불하기 위해서였다). 신문기자인 마이클 터헤이든(Michael Terheyden)은 교황에 대해 '진실된 리더십'이라는 제목으로 기사를 썼다. 그는 새로 선출된 교황이 '겸손하게 선택받은(lowly but chosen)'이라는 자신의 오래된 좌우명을 유지하기로 결정했고 교황은 그것에 부응하며 살아왔다는 점에 주목할 필요가 있다고 서술했다.

그렇다면 이런 모든 결정들이 상황적 미학이나 '안목'을 위해 만들어졌는가? 물론이다. 하지만 그렇다고 해서 그가 진실 되지 않았다는 말은 아니다. 교황이 되었을 즈음 그는 가장 겸손한 리더가 되는 법을 배웠고 거의 모든 일을 삼가 행했다.

교황과 가까운 몇몇의 사람들은 그가 겸손한 결정들을 의식적으로 내리고 있고 오랜 세월동안 빈민가에서 산 경험을 통하여 만들어진 것이라고 생각한다. 하지만 랍비 아브라함 스코카(Rabbi Abraham Skorka)의 말에 따르면 교황은 겸손해지기 위한 결정을 내리고 굉장한 열정을 갖고 임하기 때문에 그의 태도에는 거짓이 없다고 말한다.

교황의 전기 작가인 폴 발레리는 겸손함이 그의 자의적 노력에 따른 결과라고 말한다. '확실한 것은 급진적인 겸손함을 갖추기로 한 그의 결심이 자신의 권위적이고 독단적인 기질에 대항하는 투쟁이었다.' 발레리가 언급했던 '권위적'과 '독단적'은 젊은 시절 예수회 지도자였던 스스로의 평가를 바탕으로 서술한 것이다.

교황이 되었을 즈음 그는 자신의 동료들만큼이나 노련하게 정치를 할 줄 알게 되었다. 그는 자신의 새로운 직위가 허락하는 한 모든 사람들과 가까워지려했고 겸손한 삶을 보여줌으로써 교황의 권위를 어떻게 변화시킬 수 있는가를 실천하였다.

그렇다면 어떻게 충동적인 리더에서 통찰력 있는 리더가 되었을까? 다른 현명한 지도자들처럼 그 또한 경험에서 배웠다. 젊은 시절 그가 내린 충동적인 결정들은 최선의 선택들이 아니었다. 그리고 그는 2013년에 했던 인터뷰에서 성급한 결정들을 내렸던 자신의 지난날을 스스로 비난했다. '나는 의사결정을 내릴 때 첫 번째로 떠오르는 판단을 언제나 조심한다. 왜냐하면 그것은 대부분이 잘못된 판단이기 때문이다. 기다려야 하고 가치를 잘 판단해야 하며 생각할 시간을 충분히 가져야 한다. 통찰의 지혜는 우리를 삶의 불가피한 모호함으로부터 구원해주고 좋아 보이거나 강해 보이는 것이 아니라 가장 타당한 의미를 찾을 수 있도록 도와줄 것이다.'

사람경영을
최우선시하라

《최고의 기회를 얻는 리더의 자세(judgment: How Winning Leaders Make Great Calls)》의 저자 이자 리더십 전문가 노엘 티치(Noel Tichy)와 워렌 베니스(Warren Bennis)는 '새로운 위치에 적임자를 세우는 일은 경영자들에게 가장 중요한 결정 사안 중 하나이며 좋은 인력을 발굴하는 능력 또한 갖추어야 한다'고 말했다. 더불어 CEO와 같은 회사의 대표와 여러 기관들의 총책임자 선임과 동시에 그들을 보위할 제2위치의 실무자의 선임의 중요성 또한 강조되어야 한다고 말했다. 왜냐하면 대표자의 목표에 따라 회사나 기관의 총체적인 업무를 실행시킬 사람들은 바로 이들이기 때문이다.

1984년 월트 디즈니사의 새로운 회장으로 선임된 마이클 아이스너(Michael Eisner)는 그 무렵 난관을 겪고 있는 월트 디즈니사의 새로운 변화를 일으킬 신규 적임자 2명을 회사의 간부들과 함께 선출하고자 하였다. 프란치스코 교황의 심사숙고한 결정과 같이, 아이스너는 회사를 이끌 중간 책임자를 선임하는 과정을 통해 우리에게 중요한 관점을 제시한다. 그는 그 자신을 월트 디즈니사 다음의 위치로 두지 않았다. 만약 그가 독단적인 권력을 행사하며 나아갔다면, 디즈니사는 지금과 같은 최고의 애니메이션 회사가 되기는커녕 산산조각이 났을지도 모른다. 회사의 비약적 발전에 기여한 중심인물 중 하나인 프랭크 웰(Frank Wells)의 등장은 결국 월트 디즈니사의 제2의 전성기를 불러일으키며 새로운 경영구도를 성립하고, 미래를 향해 앞서나가는 기업으로 도약하게 했다.

어느 누구를 어느 자리에 앉히느냐는 매우 중요한 결정 사항이다. 월트 디즈니사의 경우 대표인 아이스너의 목표를 따라 동행하며 회사에 새로운 전환점을 불어 일으킬 수 있는 사람이어야만 했다. 그리하여 그는 두 명의 적임자를 선임하기에 앞서 먼저 그의 목표를 계획하고 그 역할을 성공적으로 수행할 수 있는 인재를 찾기로 하였다. 그중 한 명은 바로 회사의 최고운영책임자(1984~1993년)인 웰이었다. 웰은 아이스너가 그의 목표를 수립할 수 있도록 그 중심역할을 훌륭하게 감당하였다. 터치스톤 영화 스튜디오 제작, 해외 테마파크 건설 등 아이스너가 꿈꾸는 월트 디즈니의 비전을 실행시킨 이가 바로 그이다. 하지만 1994년 웰이 불의의 사고로 죽자 디즈니사는 내부적으로 방향을 잃고 안정을 찾지 못한 채 흔들리게 된다. 아이스너에게 필수적인 존재였던 웰의 죽음으로 인해 아이스너의 자리도 위태로웠다.

프란치스코 교황 또한 교황 선거 회의에 의해 선출된 후 그를 보좌할 적임자를 찾아야만 했다. 저널리스트인 존 알렌은 2013년 가톨릭 주간지인 〈내셔널 가톨릭 리포터(National Catholic Reeporter)〉에 다음과 같이 기고하였다.

'바티칸과 같은 좁은 세상에서는 인사권의 행사가 중요한 영향력을 발휘한다. 교황의 행보를 결정하는 비서관은 교황이 가고자 하는 곳보다 사람들이 그를 원하는 곳으로 상황에 맞추어 적절히 보좌하여야 하는 중요한 자리이다. 예로부터 교황의 총리대신이라고도 불리운다.' 이 기사는 프란치스코 교황이 2013년 8월 피에트로 파롤린(Pietro Parolin)을 로마 가톨릭교회의 국무원장에 임명한 후 바로 공개되었다.

프란치스코는 인터뷰를 통해 파롤린의 선임에 대한 결정을 교황 선거 회의를 마친 4일 뒤에 이미 내렸으나 5개월이 지난 8월 임명 때까지 공개하지 않았다고 전했다. 교황이 내린 이 결정은 그가 이전에 말하였던 성급한 결정은 항상 과실이 발생한다는 결정의 법칙과 다소 상반되는 아이러닉한 면모가 있어보였다.

하지만 우리가 기억해야 할 점은 교황이 파롤린을 바로 임명하지 않았다는 것이다. 약 5개월 반 동안 생각을 성숙시킬 시간을 충분히 가졌기 때문이다. 프란치스코 교황은 항상 그의 처음 직감을 신뢰하지 않고 실수를 발생시키지 않도록 노력한다. 의사 결정에서부터 발표의 시기까지 충분한 검토의 시간을 통해 분석하고 되돌아본다.

프란치스코 교황은 파롤린 추기경에게 전화를 걸어 대화를 나누었다. "자네 나에게 도움이 돼 줄 수 있겠는가?", "물론이지요." 파롤린 추기경은 조금의 망설임도 없이 당당하게 대답했다고 한다. 파롤린이 국무원장으로 임명되자 각종 미디어에서는 그의 임명에 관한 기사를 다음과 같이 전했다.

지아니 발렌티는 바티칸 인사이더를 통해 교황 프란치스코를 모실 사람으로 파롤린 추기경보다 적합한 인물은 없다고 말한다. '바티칸 국무원에 다양한 기독교적인 감성을 참작시키고 자기중심적으로 언급하는 태도를 벗어나라'는 교황의 지침을 수행하기에 그의 기질은 부족함이 없다. 다년간 바티칸의 외교업무를 수행하며 이러한 정신을 이어받은 파롤린은 항상 현실적으로 문제 상황을 세밀히 관찰 후 가능한 해결방법을 찾도록 노력했다. (중략) 프란치스코의 이러한 종교적 대화방식을 통해 전 세계에 널리 존재하는 다양한 사람들에게 바티칸 외교는 로마가톨릭 교회의 성공적인 영향력을 행사하게 되었다.'

이러한 그의 꼼꼼한 성향은 그가 어떻게 프란치스코 교황을 뒷받침할 수 있는가를 가늠케 한다. 저널리스트 마시모 프랑코는 파롤린의 새로운 역할에 대해 날카로운 통찰력과 함께 다음과 같이 말했다. '새로운 바티칸 국무원장은 교황의 비서역할로서 프란치스코 교황을 가장 잘 보좌할 수 있는 인물이어야 한다. 파롤린은 교황의 직책에 지대한 영향력을 주는 새로운 전환점의 계기가 되었다. 또한 전 베네딕토 16세 교황의 무기력한 외교 정책과는 다른 활발한 교황청의 국제 업무를 수행하고 국무원의 인식을 변화시켰다'라고 전하였다.

파롤린 대주교는 화려한 이력을 자랑한다. 하지만 이러한 이력을 내세우기보다 숨은 조력가로 그 역할을 담당하였다. 교황청에서 20년간 외교관으로 재직하고 또 수년동안 나이지리아와 멕시코에서 교황대사로 근무하였다. 총 30년간의 재직 기간 동안을 통해 그가 외교분야의 전문가로서 부족함이 없음을 보여주고 있다. 프란치스코 교황은 교황청에 새로운 변화를 주기보다 교황 베네딕토 16세의 경험을 그대로 살려 접목하려 하였다.

그러나 실제로는 파롤린의 선임과 더불어 이와 반대된 결과가 초래된다. 프란치스코는 임명될 당시 바티칸 문화에 다소 어울리지 않는 진보적인 성향을 띤 인물이었다. 그리하여 그는 인종, 종교, 그리고 다양한 사회계층에 구애받지 않고 소통하려는 그의 원칙을 바티칸의 배타적 성향 구성원들이 순순히 따를 것이라고 믿지 않았다. 프란치스코 교황은 교황청의 활발한 외교정책 선두로 이것을 충분히 수행하며 바티칸 내부의 정서를 수렴하고 그 방향성을 잡는 데 적절한 역할을 감당할 인재를 필요로 했다.

파롤린의 임명을 위해 프란치스코 교황은 두개의 다른 결정을 내린다. 파롤린을 2인자의 위치에 올리기 위해 교황 베네딕토 16세를 섬기며 불미한 사건으로 논란의 소지가 있었던 베르티노 타르치시오 추기경을 해임한다. 종교 뉴스 소식지에 의하면 '베르티노는 교황 베네딕토의 권위에 막대한 부정적 영향을 준 섹스 스캔들부터 교회의 명예회복을 위해 충분한 해명을 하지 않은 점, 주교로서 권력 탐욕과 부정부패로 파문을 일으킨 바티리스크 스캔들까지의 모든 문제의 책임을 묻게 되었다. 결국 프란치스코의 결정은 문제를 일으킨 장본인을 감싸기보다 분명한 책임을 묻게 하는 것이었다. 이러한 성명은 파롤린을 올바른 위치에 임명하기에 탁월한 선택이었다.

당시 파롤린은 그의 새 임무에 대한 소식을 듣고 이렇게 말하였다. "무엇보다도 내가 맡게 된 일에 대한 막중한 책임을 느끼는 바이다. 내 자신이 약한 존재이며 가진 능력 또한 미약하다는 것을 알기에 다소 어렵고 도전적인 임무라고 느낀다. 그가 그 자신에 대해 말한 겸손의 고백은 프란치스코가 말하는 리더로서의 겸손함을 잘 나타내는 말이었다.

새로운 업무에 관해 파롤린에게는 아직 가야 할 길이 멀게만 느껴졌다. 하지만 진정 그는 교회의 개정개혁과 로마 교황청에 있는 교황을 수행하기에 준비된 인재였다. "나는 진실로 영혼의 재건을 소망한다." 2013년 파롤린 대주교는 이렇게 말하였다. "우리에게 가장 중요한 것은 지속적인 소통을 위해 우리 자신이 변화하는 것이다." 이러한 발언을 통해 파롤린은 프란치스코 교황의 지혜와 탁월한 선택을 가장 잘 입증하는 주체적 존재가 되었다.

그럼 이 예화를 통해 우리는 어떻게 올바른 선택의 기량을 발휘할 수 있을까? 아래의 체크리스트를 참고해 보자.

인재경영을 항상 우선시 하라

인재 선출은 무엇보다 리더가 내려야 할 가장 중요한 사안이다. 잘못된 인재 선출의 추후 재정적 손실은 가히 측량하기 어려울 정도이며 과정 또한 많은 지출이 요구된다. 게다가 그 사람을 해임하는 사안도 매우 힘든 일이다. 당신을 수행할 오른팔을 선임할 시에는 그들이 당신을 위해 무엇을 할지를 검토할 뿐만 아니라 그들의 부재시에도 당신의 목표가 정확히 이뤄질 수 있는가를 고려해야 한다. 예를 들면 디즈니사에서 아이스너가 웰스의 죽음 이후 그의 위치가 위태해진 것처럼 의존적 위임을 하는 자세는 결론적으로 당신의 실패를 초래하게 된다. 그러므로 후임자는 당신이 할 수 없는 것을 대처할 수 있는 사람을 선택하는 것이 좋다. 프란치스교 교황의 교훈처럼 사람에 대한 결정을 항상 최우선으로 한다면 그들 또한 당신의 의견과 지시를 최우선시할 것이다.

성급한 결정은 피하라

프란치스코 교황은 그의 후임자로 피에트로 파롤린의 선임을 망설임 없이 결단하였지만 최종결정까지는 매우 심사숙고하였다. 교황의 예화를 통해 우리는 단순히 직감만 믿고 바로 실행하는 것이 아니라 충분한 시간을 통해 나타날 수 있는 결과들과 결정을 지지할 합당한 이유를 세밀하게 검토하며 선택을 해야 한다는 것을 알 수 있다. 또한 내려진 결정은 다시 바꿀 수 없는 것이기에 진정한 리더는 항상 선택을 내리기전 충분히 검토할 시간을 갖는 것이 필요하다.

당신을 발전시킬 결정을 내려라

교황 프란치스코는 로마 가톨릭교회를 성공적으로 발전시킬 다양한 선택을 내렸다. 당신이 선택을 내릴 때에는 항상 어떠한 결과가 초래될 것인가에 대해 대처하는 자세를 길러야 한다. 이 선택이 나의 전체적인 목표를 달성시킬 수 있는 것인가? 만약 아니라면 다른 방향을 잡아 목표에 걸맞은 선택들을 생각해 내야만 한다. 또한 선택에 대한 올바른 시야를 가질 수 있도록 노력한다. 충분히 자신에게 어떠한 결정이 올바른 것인가를 되물어 보고 만약 답을 얻지 못하겠다면 당신이 신임하는 사람들에게 의견을 들어라.

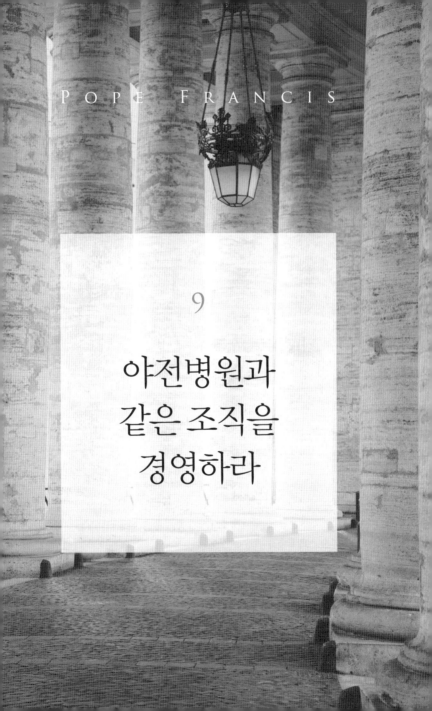

9

야전병원과
같은 조직을
경영하라

교황 프란치스코는 가톨릭교회에 대해 다소 다른 관점을 제시한다. 그는 흔히 교회를 육군이동외과병원(MASH) 또는 야전병원(전쟁 발생시 응급환자를 처지하지 위한 임시병원)에 비유한다. 2013년 그는 이렇게 말하였다. "현대 교회들에 가장 필요한 것은 상처 입은 사람들에게 스스럼없이 다가가 그들의 닫힌 마음을 믿음으로 회복시키는 것이다. 나는 교회란 전쟁 뒤의 야전병원과 같은 곳이라고 본다. 중상을 입은 사람에게 고혈압과 당뇨가 있는지를 묻는 것은 아주 멍청한 질문이다. 우리에게 가장 중요한 것은 그의 상처를 치료하는 것이다. (중략) 그리고 우리가 해야 할 일은 그가 처음부터 다시 회복될 수

211

있기를 도와주는 일일 뿐이다."

로마 가톨릭교에 관한 이 묘사적 표현은 우리에게 프란치스코 교황의 철학을 그대로 반영하고 있다. 육군이동외과병원(MASH)의 의사들은 제2장에서 말하는 무리의 상태를 돌볼 줄 알며, 제5장의 설명과 같이 절실한 도움이 필요한 사람을 돌본다. 제6장에서와 같이 야전병원은 배타적이지 않고 의사의 도움을 필요로 하는 자들을 고친다. 또한 제3장에서 언급했던 것과 같이 응급상황에서는 그들의 입은 상처를 판단하지 않는다.

프란치스코 교황은 교회의 성직자들에게 고지식한 사고방식과 행동 그리고 교만적인 행동을 취하지 말고 마치 전쟁에서 상처 입은 병사와 같은 영혼들을 돌보길 권한다. 이러한 생각의 전환을 이루어야 종교적 지도자로 사람들이 필요로 하는 것을 듣고 그들의 필요를 채울 수 있다. 종교인이거나 혹은 비종교인, 성별의 차이 등을 막론하고 평등하게 모든 사람들의 필요를 듣고 그들의 상처를 치유하는 것이 야전병원의 역할이다.

　프란치스코 교황의 묘사 중 교회와 야전병원의 한 가지 차이점은 전문의사가 환자를 치료한다는 점이다. 프란치스코의 야전병원에서는 리더가 상처 입은 자의 자리에 함께 동참하라고 말한다. 그의 실용적인 사상은 교회의 필요성과 상처 입은 영혼을 가장 잘 이해하고 있다. 우리가 일상생활에서 겪는 일들은 여러 가지 상황적 어려움과 경제적 어려움, 관계성의 문제, 또는 사랑하는 이와의 이별, 그리고 이혼, 부모에게서 입은 상처 등으로 물들어 있다. 또한 어떤 이는 십대의 동성연애로 인하여 따돌림을 당하고 도움을 요청하기도 한다. 프란치스코 교황은 그들의 모든 아픔을 이해하고 종교적 리더로서 그들의 아픔을 치유할 수 있도록 도와준다. 종교적인 이유로 그들이 교회에 오지 않는다면 그들을 직접 찾아가서 만나기를 자처한다. 왜냐하면 종교의 차이를 떠나 리더의 자세로 모든 사람을 평등히 대해야 된다고 생각하기 때문이다.

삶속에 여러 가지 이유로 상처를 입어 교황의 야전병원으로 후송된 환자들을 보면 우리는 그의 리더십 원칙을 알 수 있다. 그의 응급처치 원칙 중 하나는 가난한 자를 돕는 일을 나중으로 미루지 않는다는 것이다.

"하느님이 세상에 보내신 사람들을 우리가 어찌 함부로 대할 수 있는가? 나는 어머니와 같이 안식을 줄 수 있는 교회의 모습을 꿈꾼다. 교회는 모든 이의 평화를 꿈꾸고 착한 사마리안과 같이 사람들을 돌보며 도와야 한다. (중략) 교회조직의 운영은 그 이후에 존재하는 사안이다." 프란치스코 교황은 무엇보다 성직자들에게 상처 입은 영혼의 위안과 치료를 가장 우선하도록 권고한다.

프란치스코 교황은 또한 우리 사회에서 성장과 과도기를 겪는 청소년들을 보듬어야 하는 일의 중요성에 대해 다시 한 번 강조한다. 그는 이들이 교회에 왔을 때 진정성을 담은 대처에 대해 언급했다. "우리는 미완성인 그들의 마음을 완성시킬 의무가 있다. 그렇지 않고서는 미래가 없는 실패작을 만들 것이다." 젊은 목회자들을 교육시킬 때 교황 프란치스코는 엄격한 명상적 의식절차와 동정심, 행동주의를 가르친다. 그는 이렇게 말한다. "참으로 우리는 기관을 설립하기에 앞서 우리 주변 현실의 정서를 이해하고 이들과 함께 평화와 화합을 도모할 수 있어야 한다." 그리고 이렇게 덧붙였다. "우리의 아버지와 형제들 그리고 인생의 동반자를 양성할 수 있어야 한다."

어떻게
접목할 것인가?

프란치스코가 말한 전쟁 상황의 야전병원에 대한 비유는 우리의 기관이나 사업에서도 동일하게 적용된다. 첫째, 초경쟁적 사회에서 우리는 야전병원에서 일어나는 응급상황에 대한 처치법을 익혀야 할 것이다. 한 예로 첨단기술 분야의 회사들은 그들의 경쟁사들과의 관계에 접목해 볼 수 있다.

블랙베리사의 경우에서 볼 수 있듯이 한 때 휴대폰 시장에서 선두주자였던 이들이 다른 경쟁사들에게 뒤처지는 경우가 있다.

야전병원의 가장 큰 장점은 상황에 따른 빠른 이동이

가능하다는 것이다. 병원이 필요한 곳이라면 어디든 갈 수 있고 민첩하게 필요에 따라 움직인다는 것이다. 당신의 조직이 이와 같은 민첩성과 유연성을 갖췄다고 상상해 보라. 만약 새로운 고객이 본사가 아닌 전국 지역에 있다면 그 고객들의 편의에 따라 회사가 고객들이 사는 지역으로 이동하는 것이 고객의 마음을 사로잡는 방법이 아닐까? 본사를 이동할 수 없다면 팀의 직원들이 적어도 한 달에 두 번쯤 고객을 방문토록 하는 것은 어떨까. e메일이나 영상통화 혹은 SNS 등을 통해 보다 간접적인 방법으로 조직의 사람들이나 고객들 그리고 향후 고객들을 관리할 수 있다. 신중하면서도 자주 접촉하는 방식으로 고객들의 마음을 열어야 할 것이다.

하지만 비즈니스분야의 사람들이 가장 눈여겨보아야 할 것은 육군이동외과병원(MASH)은 주체적인 역할을 수행한다는 것이다. 물론 군대 조직의 전체 속에 속한 일부 부서지만 가슴부상을 입은 병사나 복부나 다리에 포탄의 파편이 박혀 이송된 환자를 치료하기 위해 상부 허가를 받고 치료를 진행하지는 않기 때문이다. 이와 같이 육군이동외과병원(MASH)은 독립적이고 분산적인 업무를 담당한다. 이것이 바로 우리가 우리의 비즈니스에 접목할 수 있는 좋은 예다.

결정을
분권화시켜라

1960~1970년대 미국에서는 제너럴 모터스(GM)사와 제너럴 일렉트릭(GE)사처럼 많은 회사들이 중앙 통제적인 구조를 가지고 있었다. 이것은 본사의 모든 결정권을 경영자들이 운영하는 체제였다.

하지만 1980년도에 이르러 기업들은 분권화된 체제의 정책을 수용한다. 1982년 유명한 미래학자 존 네이스비츠가 쓴 베스트셀러 《메가트렌드(Mega Trend)》의 파급효과가 나타난 시점부터이다. 책은 출간 이후 14만 부의 판매고를 기록하였고 동시 〈뉴욕타임즈〉 베스트셀러에 2년 이상 자리매김을 하였다. 메가트렌드에서 말하는 요점 중 하나는 중앙집권적인 구조를 분산화하라는 것이었다. 이후, 많은 경영서적과 경영대학은 앞다투어 기업의 분권화에 대한 주제를 다뤘다.

프란치스코 교황도 역시 분권화에 대한 주장을 겸손의 한 갈래로 강하게 입증시켰다. 항상 자신도 죄인이라며 낮은 자세로 고백하는 프란치스코 교황은 '복음의 기쁨'을 통해 설명하고 있다. '현세에는 많은 복음주의적 문제들에 대해 그 해결책과 답을 요구하지만 나는 이 문제의 방편으로 내 자신으로부터 미래 예견책을 내어놓기를 원치 않는다. 다만 교회들이 겪는 문제들과 세계 정서에 로마 가톨릭교의 교학권을 널리 제시하여 바른 영향을 주고 그들 스스로 해답을 찾길 원한다. 내 자신보다 그 지역의 정서와 안목을 이해하는 추기경이 전문가이기 때문이다. 우리는 '분권화'의 필요성에 대해 인식해야 한다.'

이러한 그의 설교가 있기 3년 전, 프란치스코는 다음과 같이 저술한다. '한 사제가 그의 제자가 내리는 결정을 무효화 시키는 태도는 좋은 사제라고 할 수 없다. 그는 권력자이고 다른 이들이 가진 종교적 성향을 무시하는 것이다.' 프란치스코 교황이 분권화에 대해 지지할 수 있는 것은 이 책의 8장에서 다뤘듯이 그가 인재 선택에 있어서 신중하였기 때문에 가능한 것이다. 가장 적합한 인재를 적절한 자리에 선임하였기에 신뢰를 바탕으로 그들의 결정권을 존중할 수 있는 것이다. 교황 프란치스코는 사람에 대한 신뢰를 갖는다. 그가 누구에게 어떤 포지션을 위임한다면 최대한 그의 능력을 신임하고 존중한다.

어떻게 하면 당신의 조직을 야전병원과 같이 운영할 수 있을까? 이에 대한 답변은 아래를 참고하길 바란다.

● 현장에서 충분한 경험의 기회를 주어라

아마 당신의 조직은 야전병원과 같이 능동적인 형태로 변화시키기가 쉽지 않을 것이다. 당신의 직원들이 현재의 고객들, 그리고 여러 업체들과 미래의 고객들을 만나기를 소홀히 하거나 노력하고 있지 않다는 뜻은 아니다. 하지만 회사 측이 비용절감과 경영의 이유로 영업사원들에게 현장에서 익힐 수 있는 충분한 기회의 비용을 지불하지 않는다면 이것은 곧 회사의 영업이익에도 부정적인 영향을 가져오게 된다.

친밀감을 유지하라

만약 당신이 경영자라면 당신이 원하든 원하지 않든 '무리'를 이끌고 책임질 사명이 있다. 당신의 도움이 필요한 구성원과 좀 더 친밀한 관계를 유지하도록 하라. 물론 지나치게 사생활을 침해하기보다 적정한 선을 유지하는 지혜가 필요하다. 그들이 먼저 당신의 도움을 요청할 때는 리더로서 역할을 잘 발휘하여 그들에게 조언하고 돕도록 한다. 많은 사람들이 상사의 리더십과 지혜를 필요로 하기 때문에 먼저 도움을 요청한다면 거리낌 없이 도와야 한다. 기억해야 할 것은 만약 당신이 줄 수 있는 조언과 도움의 영역을 벗어나

해답을 찾지 못할 때에는 해당분야의 전문가를 통해 도움을 얻도록 해야 한다는 점이다.

분권화를 시켜라

만약 당신이 모든 회사의 결정을 홀로 내리길 좋아하는 전형적인 보스 타입이라면 반드시 이것을 기억하기 바란다. 약 20여 년 전에는 이러한 경영마인드가 문제가 없었을지 몰라도 현재, 21세기에는 문제가 될 수 있다. 인재경영을 모티브로 하여 직원을 뽑을 때 신중을 기하고 해당분야의 전문가로 성장할 기회를 제공하라.

그들을 교육시키고 해당분야의 전문가로 키운다면 자신들이 담당한 책임을 감당하기에 부족함이 없을 것이다. 마이크로매니징(Micro-managing) 성향의 경영가는 물론 자신에 대한 일은 가장 잘해낼 수 있지만 관계 속에 상대방에 대한 신뢰도가 부족한 단점이 있다. 때론 부하 직원들에게 결정을 내릴 수 있는 기회를 주고 당신은 그들이 도움을 요청할 때 든든한 지원가로 역할을 해야 한다.

POPE FRANCIS

10

구별된
선구자의 삶

어떻게 프란치스코 교황은 가장 높은 자의 자리에서 남들을 섬기고 낮은 자의 자세를 취할 수 있는 것일까? 로마 가톨릭교회의 지배권과 정치력 및 인사권에 대한 연관이 적었던 프란치스코는 당시 그가 교황으로 취임될 것이라고 생각하지도 못했다. 선거를 예측하는 전문가들도 약 44대 1로 그가 절대적인 약권 표를 행사할 것이라고 예측하였다. 하지만 어떻게 이러한 반전의 드라마가 만들어질 수 있었을까?

프란치스코 교황은 그가 가진 권력과 힘을 남용하기보다 겸손의 자세로 구별된 삶을 실천하고 있다. 제7장에서 교황에게 항생제의 정량의 3배를 처방한 간호사의 예를 보자. 교황은 이렇게 기고한다. '그녀는 남들과 구별된 소통의 삶을 매일 실천하고 있다.'

교황의 삶을 구한 간호사는 교황의 상태가 매우 악화된 것을 보고 그가 섭취 정량보다 더 많은 약을 필요로 한다는 것을 판단할 수 있었다. 다년간의 환자를 돌본 경험과 노하우가 있었기에 올바른 판단을 내릴 수 있었던 것이다. 프란치스코 교황은 '선구자'란 주변에서 결정을 내릴 때 '직관적이기보다 충분한 경험을 통한 노하우로 올바른 선택권을 내릴 수 있는 사람'이라고 말한다. 프란치스코 교황에게 누구보다 효과적인 성직자들은 이렇게 구별된 삶을 살고 도움이 필요한자들에게 망설임 없이 나아갈 수 있는 용기가 있는 사람이다.

교황은 이렇게 주장하였다. '세상에 있는 자들이어 모두 깨어 일어나라! 새로운 일을 주저 말고, 도전하기를 겁내지 말라. 다르다는 것은 틀린 것이 아니다.' 그리고 다음과 같이 덧붙였다. '선구자가 될 수 없다면 우리의 삶 속에 대담한 행동을 접목하여 보라.'

필요와 상황에 따라 프란치스코 교황은 겸손하지만 권위 있고 능력 있는 리더의 자세를 우리에게 보여준다. 그는 3차원적인 리더십으로 매일 겸손과 검소한 삶을 추구하지만 당당하고 우리를 이끌 수 있는 선구자의 역할을 담당한 진정한 리더다. 프란치스코의 행동 기반은 용기와 리더십, 경험으로 쌓은 지혜, 그리고 다른 사람들의 의견을 귀담아 들을 수 있는 겸손의 자세이다. 왜냐하면 그는 그가 항상 옳은 대답을 가질 수 없다고 믿기 때문이다. 프란치스코의 자서전을 쓴 폴 발레리는 그의 이러한 면모를 '겸손과 능력의 완벽한 조화'라고 설명한다.

'구별된 선구자'는 누구인가?

'구별되었다'는 것은 긍정적이고 폭넓은 생각과 뻔뻔할 만큼의 용기와 자세를 가진 것을 이른다. 선구자란 넓은 삶의 영역에서 다른 여러 사람들에게 새로운 일을 전파할 수 있는 사람이다. 사회에 깊숙이 참여하여 문제를 파악하고 약자와 도움이 필요한 자들을 찾아 섬기고 봉사하는 것이 선구자로서의 삶이다. 프란치스코 교황은 이러한 현상을 아래와 같이 적었다.

'우리는 빈민가에서 일어나는 약물의 남용으로 인한 사회적인 문제가 발생했을 때 무엇보다 그들을 만나 대화를 나누고 함께 먹고 마시며 근본적인 문제를 알 수 있어야

한다. 직접 가난을 겪어보지 않은 사람은 가난을 말하고 함부로 그들을 평가할 수 없다.'

프란치스코 교황은 성직자에게만 국한하지 않고 우리 모두에게 말하고 있다. '실제로 겪은 경험을 숙지하고 주변을 돌아보는 시간을 가지면 많은 사람과의 관계를 되돌아볼 수 있는 기회를 갖게 된다. 만약 이런 태도를 가지지 않는다면 옳지 않은 이데올로기적 사고를 가진 근본주의자들이다.'

선구자로서
나의 몫

　대부분의 우리는 적어도 한 번쯤은 선구자로서의 역할을 감당해 본적이 있을 것이다. 직업적인 성공과 인생, 그리고 어떠한 다른 이득이 있을 것인지를 고려하여 결정을 내리는 것이 그것이다. 대부분의 경우 가난에 처한 사람들이나 빈민가에서 병에 걸려 치료받지 못하는 환자들을 위한 영웅적인 행동이기보다는 우리가 일상생활에서 흔히 접하는 것들이다.

　비즈니스와 연관 지어보자. 만약 당신이 일리노이 주 시카고에 위치한 미래가 촉망되는 식품기업의 영업부장이라고 가정해보자. 당신의 팀은 각각의 구역을 맡은 12명의 영업맨들이 있고 당신의 상관은 당신과 다른 3개의 부서관들을 총괄하였으나 경쟁사의 매력적인 스카우트 제의를 받고 사직하였다. 이제 당신의 몫은 상관이 남기고 간 부스러기를 뒷처리하는 것이 되었다. 스카우트 제의를 받은 당신의 상관이 능력 있고 촉망받는 지휘자라서가 아니라 그 자리는 뉴욕 지사에서 회사의 핵심프로젝트를 담당하는 일이기에 당신은 그 자리가 매우 탐난다. 그리고 당신 스스로가 그 자리를 위임받을 만한 인재이며 총 4개의 부서에서 가장 뛰어나다고 자신한다.

하지만 회사 내부 소식통을 통해 부사장이 외부 인재 영입 여부를 고려하고 있다는 소문을 전해 듣는다.

이제 당신의 선택은 무엇인가? 부사장에게 단도직입적으로 당신이 적임자라는 여러 가지 이유를 언급하며 인사 발령을 요구할 것인가? 매우 당돌한 태도는 프란치스코가 주장하는 선구자로서의 역할을 제대로 실행하는 것일까?

답변은 "아니다"다. 이러한 방법 외에도 회사의 책임자에게 그 권한을 넘기고 당신이 회사 내에서 겸손과 존경을 받을 만한 방법은 많다.

예상했던 답변과 반대되는 소리처럼 들리지만 교황의 가르침을 적용하자면 얼마나 당신이 그 자리를 원하는지는 중요하지 않다. 자신을 내려놓을 수 있어야 한다. 대신에 당신의 조직과 동료들에게 무엇이 필요한지 생각해 보라.

우리가 기억해야 할 것은 교황은 절대 자기 자신에게 임명해 달라고 요구하지 않았다. 대신 그는 다른 사람들에게 결정권의 기회를 주었다(물론 2013년 약 3분 30초의 연설을 발표하였으나 자신에 관한 이야기가 아닌 로마 가톨릭교회를 위한 발언이었다). 우리가 프란치스코 교황의 교훈으로 알 수 있는 것은 이런 상황에서 부사장에게 자리 청탁을 할 것이 아니라는 것이다. 이러한 행동은 선구자로서의 겸손과 섬김의 자세에 벗어나는 행동이다. 그러면 우리는 무엇을 할 수 있을까?

분명한 행동의 차이를 두는 것이다. 당신은 분명히 당신의 개인적 목표와 지향하는 것을 이끌어 간다. 하지만 꼭 당신이 원하는 시기가 그 시점은 아니라는 것이다. 회사와 기관의 선택이 우선적이며 그 기간 동안 당신의 욕망은 잠시 머무르게 해야 하는 것이다. 이것이 바로 교황 프란치스코가 그의 사람들에게 권면하는 사항이다.

교황은 바티칸의 훈련생 외교관들에게 항상 출세에 대한 욕망을 경고하라고 주의한다.

프란치스코의 가르침을 따르면, 당신이 우선해야 할 일은 현실을 직시하고 회사가 마주친 문제를 이해하며 돕는 것이다. 회사는 갑작스런 인재의 사임으로 인해 위기에 봉착하였다. 이러한 회사의 문제를 개인적인 욕망과 출세의 기회로 보기보다 진심으로 회사를 이해하는 태도를 가져야 한다. 그리고 어려움에 함께 동참하여 이겨나가야 한다.

그렇다면 어떻게 실천할 수 있을까? 중요한 것은 '내가 한 명의 부재로 인한 회사의 손실을 어떻게 보완할 수 있을 것인가'를 먼저 생각해야 한다. 방법은 생각보다 간단하게 찾을 수 있다. 직책을 맡은 사람으로서 정치적인 이득을 취하기보다 실질적인 방법과 전문기술을 바탕으로 문제해결을 하는 것이다. 주변 동료와 사람들에게 자신의 욕망을 표출하는 등 개념을 상실한 태도보다 주변 사람들이 먼저 당신의 도움을 찾아 구할 수 있도록 노력해야 한다. 이러한 절제된 행동들이 전체의 사람들과 조직에 모두 필요한 것이다. 다시 한 번 강조하면 당신은 동료와 회사의 숨은 조력가의 역할을 충분히 담당하여야 할 것이다.

다음 차례로는 다소 이해하기 어려운 부분일 수도 있겠

지만 당신이 열망하는 자리에 대한 욕심보다 당신의 상사가 담당했던 업무가 어떻게 흘러가는지를 직시해야 한다. 회사는 현재 상사의 부재와 새로운 부임을 둘러싸고 술렁이며, 업무에는 많은 타격을 입었다.

업무의 정체에 대해 부사장의 별다른 지시사항이 없었다면 먼저 조심스레 부사장을 찾아가 볼 수 있다. 정중히 그가 대화를 할 수 있는 시간이 있는지를 물어보고 본론을 말한다.

"저는 지금 회사에 많은 인력이 필요로 하는 것을 알고 있습니다. 특별히 뉴욕 지사에 대해 말입니다." 그리고 상대방의 의견에 존중을 표하는 어투로 "만약 부사장님께서 뉴욕 지사에 사람이 필요하다고 생각하시면 저에게 꼭 알려 주십시오. 당장 짐을 싸서 준비하도록 하겠습니다. 저는 지금껏 회사생활을 하면서 우리 고객들을 성공적으로 응대할 수 있는 방법을 알고 있습니다."

만약 그가 당신의 제안을 받아들인다면 당신은 프란치스코의 선구자의 역할을 제대로 담당한 것이다. 당신이 집을 떠나 뉴욕이란 새로운 도시를 좋아하지 않더라도 그곳에 가서 맡은 임무를 제대로 담당하고 고객들의 필요를 채워주는 것이라며 선구자의 역할을 담당하고 있는 것이다.

그렇다면 승진에 대한 조건은? 미안하지만, 당신은 이것을 고려사항에 두지 않길 바란다.

당신의 근본적 목표는 회사가 일손 부족으로 인해 어려움을 겪지 않게 돕는 것이고 현재의 업무에 대한 완성도를 잃지 않도록 하는 것이다. 현실은 일손이 부족하다는 것을 직시하라. 기억해야 할 것은 대부분의 회사들 특히 작은 회사들은 중간관리자들의 역할이 매우 중요하다는 것이다. 당신이 자의적으로 더 많은 업무를 감당하였지만 이 또한 좋은 평가를 받고 인사고과에 반영될 수 있는 하나의 기회인 것이다. 물론 회사가 당신의 제안을 무시하고 신규 외부인사발령을 실행할 수 있지만 선구자로서의 역할을 담당하고 당신의 능력을 최대한으로 발휘한다면 나머지 문제들은 저절로 해결될 것이다.

그렇다면 회사 내에서 내가 담당할 수 있는 선구자의 역할은 무엇이 있을까? 다음을 살펴보자.

● 먼저 다가가고, 느끼며, 이해하라

만약 당신의 팀을 구축하고 그들과 가까운 자리를 만들 수 있는 능력이 있다면 그것을 지속하도록 하라. 평일 또는 1주일 단위로 지속적인 연락을 함으로써 그들의 상태를 확인하고 대화하도록 하라.

친밀감을 조성하여 그들의 의견을 듣고 특별한 스트레스나 마음의 짐이 없는지 확인한다.

예를 들어 조직원들이 사용하는 데이터 소프트웨어 프로그램을 사용할 줄 모르겠다면 그들과 친밀감을 형성하여 어떻게 사용하는 것인지 배워보도록 하라. 조직원들이 먼저 스스럼없이 다가가고 공감대를 형성할 수 있는 리더가 되어라.

● 편안함이라는 속박의 굴레를 벗어나라

선구자가 되기 위해서는 남들이 하지 않는 어려운 일을 자처하도록 하라. 새로운 고객과의 성공적인 계약을 위해서 당신은 임의적인 전화나 방문을 통한 노력을 해야 한다. 물론 이 방면에 소질이 없고 가장 하기 싫은 일이라고 한다면 미리 계획을 한다거나 지속적으로 연락을 함으로써 다양한 방법을 시도할 수 있다. 그리고 만약 당신이 그간 충분한 결과 보고서를 올리지 않았다고 판단한다면 주간 혹은 월간 회의를 통해 부족한 업무의 부분을 채우도록 한다. 당신은 당신의 가장 부족한 부분이 무엇인지를 모를 수도 있다. 이럴 땐 상사와의 회의를 통해 어떠한 자질과 능력들이 채워져야 할지를 듣도록 한다. 먼저 다가서는 당신의 용기를 인정해 줄 것이다.

조직 내 선구자로서의 역할

프란치스코 교황의 예를 적용하여 팀의 구성원들에게 용기를 주고 잘 따라올 수 있도록 이끈다. 만약 당신이 '기회를 노리는' 부장의 자리가 아닌 '기회를 주는' 부사장의 역할이라고 가정하여 보자. 만약 당신의 직원이 발전을 위한 기회를 물으러 찾아왔을 때, 그 사람은 업무 수행에 책임감이 있다고 판단할 것이다. 당신의 대범함을 자신의 것으로 드러내기보다 당신의 구성원들이 함께 성공으로 나아갈 수 있도록 이끌어 주어라.

POPE FRANCIS

11

역경을
직시하라

2014년 3월 말경 교황 프란치스코는 세상에 본인을 고백하는 자리를 가졌다. 그는 첫째, 자신도 죄를 지은 죄인이며 둘째, 더 나아가 모든 사람은 죄인이고 이것은 당연한 이치라고 말하였다(로마 가톨릭의 가르침은 모든 이들 중 죄가 없는 이는 오직 예수 그리스도다).

리더의 진실한 고백을 통하여 우리는 다시 용서를 받고, 인생의 존엄과 양심의 가치를 되새기며, 삶을 영위할 수 있다는 자신감을 얻게 된다. 로마 가톨릭교의 최고의 위치에 서있는 교황의 이러한 겸손한 고백을 통해 어떻게 그가 사회각층의 위치의 사람들을 차별 없이 대할 수 있는지를 알게 된다. 자신의 결함, 죄, 그리고 모든 역경을 넘어서 세계에서 가장 존경받는 교황의 자리에 어떻게 설 수 있었는지를 잘 말해주고 있다.

교황의
역설

　교황 프란치스코의 인생에서 그는 많은 역경을 겪게 된다. 그의 신중한 리더십은 많은 내면적 성숙을 거듭하여 얻게 된 산물이다. 그는 76세의 나이에 교황에 선출되었다. 우리들이 속한 사회는 젊은이들을 중심으로 미래를 이끌어 간다. 국가를 막론하고 노년층에 해당하는 칠순의 나이가 넘어 세계에서 가장 영향력 있는 자리에 선임된다는 것은 아주 소수의 사람들만이 가능한 일이다.

　대부분의 사람들은 대략 65에서 75세 사이에 퇴직을 하기 때문이다. 프란치스코 교황은 훌륭한 지혜와 인격을 가진 사람임에도 불구하고 많은 세월, 여러 가지 편견과

언행 등과 관련된 내면의 싸움을 진행하고 있다.

폴 발레리는 교황 프란치스코의 다양성을 잘 설명해 준다. '교황은 교리적 전통주의자이지만 이와 동시에 기독교적 개혁가이기도 하다. 그는 진보적이기보다 근본적이다. 다른 사람들에게 권한을 주나, 동시에 그의 권위를 확실히 보여주고 있다. 그는 보수적이지만 주교회의 반동자에 대해 진보적인 입장을 보인다. 그는 종교적 소박함과 정치적인 감각을 두루 갖춘 사람이다. 그는 혁신적이고 열린 사고방식을 가지고 있으며 소박하고 근엄한 사람이다. (중략) 그는 신학 선생이자 감성을 가진 목회자이다. 그에게는 겸손과 내면의 힘이 공존한다.'

남달랐던
유년 시절

    교황 프란치스코는 그의 유년기에 여러 사건들을 겪었음에도 불구하고 욕심 없이 순수하고 행복하였다고 회고한다. 그의 어머니는 다섯 번째 자녀를 낳은 후 마비 증세를 겪게 된다. 이 시절부터 어린 프란치스코는 자신의 일은 알아서 해결하고 본인의 식사도 직접 요리하는 등 어려서부터 자립심을 기르게 된다(현재까지도 그는 처소에서 자신의 식사를 스스로 요리하곤 한다). 하지만 그의 아버지의 계획으로 인해 그는 어린 나이로 남다른 사회생활을 경험하게 된다.

    그의 아버지는 학문보다 일의 필요성에 대해 강조하곤

하였다. 때문에 그의 나이 13세의 나이가 되었을 때, 엄격한 6년 코스의 기술학교에서 화학기술자 과정을 밟게 된다.

그는 아버지의 의견에 따라 아침 8시부터 오후 1시까지 수업을 듣고 오후 2시부터 8시까지는 의류 가공공장에서 일을 하였다. 처음에 맡은 업무는 간단한 청소였고 2년 뒤에는 기계작업을 맡았다. 그리고 나중에는 식품 실험실에서 일을 하게 된다. 그는 식품 실험실에서 일할 때 그의 상관으로부터 정직성과 성실성을 인정받는다. '그녀는 나에게 중요한 업무와 경험을 가르쳐주었다. (중략) 내가 그곳에서 일했던 경험은 내 생에 손꼽을 만한 중요한 일이었다. 그곳에서의 경험으로 다양한 인생체험의 기회를 맛볼 수 있었다.'

만약 유년과 청소년 시절 학업과 일을 병행해야만 하는 시련이 없었더라면 추후 그의 건강상 폐에 무리가 가는 일은 없었을 것이다. 그는 폐 질환이 생각보다 심각하여

한쪽 폐를 수술로 제거하여야 했다고 회고한다.

누군가는 이러한 시련을 겪게 되면 '왜 나에게만?'과 같은 생각을 가지게 된다. 또 다른 누군가는 스트레스와 중압감을 견디지 못하고 쓰러지기도 한다. 프란치스코는 이러한 부정적인 감정대신 상황을 새로운 기회로 전환시키고 다른 삶을 영위할 수 있도록 승화시켰다. 그의 어머니의 건강 이상으로 인해 그는 어려서부터 독립성을 키울수 있었고 학교수업과 일을 병행하면서 스스로를 단련시킬 수 있었다. 그리고 건강의 이상을 겪으면서 그의 철학인 선구자로서의 관점을 얻게 된다.

진정한 리더가 되기 위해서는 위기를 성장하는 기회로 삼을 수 있어야 한다. 많은 경영자들은 그들을 방해하는 요소들을 성공으로 향하는 과정으로 바꾼다. 만약 당신이 직장으로부터 해고를 당했다고 하여도 이것은 당신의 직장생활의 전환점이 되기도 하고, 학업할 수 있는 기회이기도 하며 때로는 당신만의 사업을 할 수 있는 기회가 되기도 한다. 과거의 상처와 아픔에 머무는 행동은 미래를 볼 수 없게 만든다. 교황같이 훌륭한 리더로 성장하기 위해서는 자신에게 닥친 불안정한 일들도 미래의 성공을 위한 하나의 발판이라 여기며 수용할 수 있는 자세가 필요하다.

교회의 난제

최근 가톨릭교회의 바티칸 리더 및 교황과 관련하여 떠오른 이슈들이 있었다. 교황으로 임명된 후 몇 년이 지나지 않아 교회의 성직자들이 아동 성추행 사건과 관련된 비윤리적 행동을 한 사례가 여러 대중매체들에 폭로되었다. 교황은 언쟁이 뒤따르게 되자 2004년과 2013년 사이 10여년간 사제 848명의 위임을 박탈했다.

교황의 위치에서 프란치스코는 성범죄의 근절을 위해 다음과 같이 입장을 밝혔다. "성직자들의 이러한 잘못된 행위를 절대 보지도 말아야 할 것이다. 다른 사람들의 인생을 망치는 자는 다른 사람들을 다스릴 위치에 있어서는 안 된다."

시간이 흘러 프란치스코 교황은 교황 임명 1주년을 맞이하게 되고 미디어에서는 각종 비난 성명을 발표한다. 각종 뉴스에서는 성직자들의 성추문 보도를 하였고 바티칸이 이 문제와 관련하여 제대로 된 입장을 표명하지 않고 시간만 끌고 있다며 비판적인 태도를 보였다. 2013년 12월 유엔에서는 전 세계인들을 경악하게 한 바티칸의 비윤리적 사태를 질타하였다. 쟁점은 교황 프란치스코가 문제가 발생함에 따라 신속한 처사를 내리지 않은 것에 있었다.

이 문제를 악화시킨 것은 2014년 지역신문을 통해 발표한 교황의 잘못된 발언 때문이었다. '로마 가톨릭교회는 투명성과 사회적 책임을 가진 조직이다. 같은 사람으로 누구도 이들에게 섣부른 평가를 내릴 수 없으며 이로 인해 교회가 집중 타격을 입게 된 것은 사실이다.' 이러한 냉소적 발언으로 〈뉴욕 타임즈〉의 클라이드 하버먼은 다음과 같이 말한다. '판단할 수 있는 귀가 있다면 이러한 교황의 발언은 뉴욕의 에드워드 에간 추기경처럼 성범죄와 연루되었지만 사과의 입장을 표명하지 않는 식의 철저한 자기변호다.'

확실히 그의 발언은 문제로부터 회피하려는 태도로 밖에 보이지 않았다.

하지만 사실 그는 그 어느 것도 아니었다. 유엔에서 다음과 같이 발표하기 전에 프란치스코 교황은 이런 스캔들과 비윤리적인 태도와 관련된 적절한 조치과정을 밟고 있었다. 성추행사건과 관련하여 의회를 열어 의례를 재정비하였으며, 특히 의회의 구성원 8명 중 절반은 여성으로, 그중 마리아 콜린은 13세이며 아일랜드의 신부에게 성추행을 당한 아이로 구성하였다. 이는 교회의 책임을 묻기에 적합한 사람이었고 반 이상의 의원들도 성직자들이 아니었다.

이 책을 쓸 시기에 프란치스코는 교회의 잘못된 모습은

자신의 지휘력 문제라고 밝혔다. 또한 교회에 관련하여 보호적 입장을 취한 발언에 대해 성범죄와 관련된 사항을 조직 내에서 해결하고자 한 시도라고 밝혔다. 2014년 4월 11일 교황 프란치스코는 문제를 정면 돌파하여 다음과 같이 성명하였다. "악마의 꼬임으로 이러한 인간으로서 지을 수 없는 죄를 지은 대다수 중 소수의 신부들에게 강력히 권고한다. (중략) 아동 성추행을 당한 피해자들에게 찾아가 지은 죄를 용서받아라. 사제들 개인의 과실로 교회의 명예를 더럽히고 상처를 입힌 사실을 인정하고 직시하고자 한다. 피할 해결책을 찾기보다 앞으로의 사태를 위한 대비책과 철저한 제재 책을 마련할 것이다. 이를 통하여 교회는 재정비되고 문세를 넘어 도약하는 새로운 기회를 마련할 것이다."

교회의 성범죄를 둘러싸고 교황이 겪은 문제는 그가 성공적인 리더로 성장할 수 있는 계기를 마련하였다.

범죄에 대한 처벌 속에 용서를 구했지만 처음에 보인 그의 소극적인 행동은 부정적인 결과를 초래했다. 교회의 비윤리적 사건으로 인해 대중에게 각인된 이미지는 앞으로 계속될 것으로 보이지만 프란치스코 교황의 대비책으로 말미암아 긍정적인 미래를 바라볼 수 있을 것이다.

항상 우리에게 어려운 과제는 문제를 정면으로 돌파한다는 것이다. 문제가 발생하였을 때 그것을 직시하지 않고 피한다면 그 문제는 어느새 눈덩이처럼 불어 커질 것이다. 성범죄가 교회의 이슈가 되었을 때 교황의 즉각적이지 않은 행동과 처벌을 하지 않은 점은 바티칸과 교황의 위기를 가져온다. 보다 심각한 문제는 피해자들과 교회를 위해 헌신하는 성직자들이 즉각적이지 못한 처사들로 인하여 피해를 입었다는 것이다. 프란치스코 교황은 그의 책임감 없는 발언으로 인해 벌어진 상황을 엄청난 노력으로 회복시켜야 했다.

프란치스코 교황의 행동에서 보듯, 잘못은 되풀이 하지 말아야 한다. 만약 당신의 조직에도 제품, 혹은 서비스 또는 회사의 규례를 범하는 조직원들의 과오가 발견된다면 문제를 해결하는 사람은 당신이어야 하며 발 빠른 조치를 취해야 할 것이다. 피터 드러커(Peter Druker)는 리더십에 대해 다음과 같이 이야기한다. '리더로서의 역할은 마치 기상천외한 날씨와 맞서는 것과 같다.' 문제의 비가 내리기 시작하면 하찮은 우산과 같은 대비책을 마련하지 말고 좀 더 강력한 방어책을 마련해야 한다.

프란치스코의 예화를 통해 우리는 어떤 교훈을 얻을 수 있을까? 다음을 살펴보자.

● 역경을 자산으로 삼아라

당신의 생각에 따라 역경은 긍정적인 기회가 된다. 역경은 때로 당신과 당신의 구성원들을 현실에 안주시키지 않고 발전시킨다(제

7장의 인텔사의 앤디 그로브 예화를 참고하라).

역경은 당신과 당신의 동료들에게 문제를 잠재울 능력과 성공적인 제품을 만들 수 있는 감각, 시장을 보는 안목을 배양시킨다. 이러한 기회로 말미암아 당신과 다른 구성원들은 문제가 발생하기 전 미래를 예측할 수 있는 능력 또한 키울 수 있게 된다.

역경을 대처하는 올바른 자세

교황의 느리고 회피적인 자세로 인해 그는 많은 대가를 지불해야만 했다. 우리는 역경을 대할 때 항상 빠른 대처와 올바른 행동을 취해야 한다. 잘못을 감추는 것은 당신과 조직에 잘못된 처사다. 제너럴 모터스사(GM)는 시동버튼의 오작동으로 인한 불량제품의 늦은 회수로 인해 치명적인 손실을 입었다. 만약 대비책이 적합하였다면 막대한 재정 손실을 막을 수 있었을 것이다. 하지만 결과적으로 그들은 고객들의 신뢰까지 잃어버리게 되었다.

문제의 요점을 파악하도록 지휘하라

프로젝트 작업을 한 사람이 모두 관리하는 것은 여러 문제점을 야기한다. 이는 당신의 조직에 부정적인 영향을 미친다. 항상 문제의 선두에 서려고 노력하지 말고 조직전체의 인원이 나서서 각각의 고객들을 상대하고 스스로의 역할을 충분히 해낼 수 있도록 배양하는 것이 더 중요하다. 실질적으로 마켓의 최전방에서 문제점을 가장 먼저 접하고 경쟁사의 움직임에 대처하는 것은 바로 회사의 구성원들이기 때문이다.

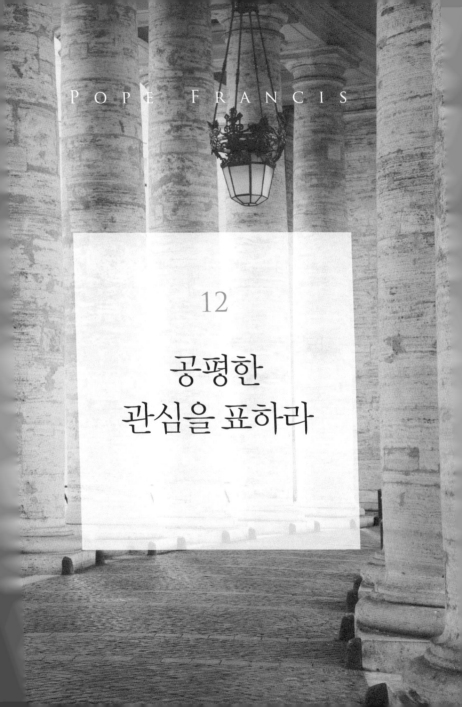

12

공평한
관심을 표하라

프란치스코의 가장 근본적인 목표는 다양한 무리의 사람들과 인격적으로 마주하는 것이다. 그는 교회의 모든 리더들과 구성원들이 그와 같은 태도를 갖추기를 원한다. 그는 그를 통하여 종교와 인종, 그리고 성별과 관계없이 모든 사람들이 하느님과의 관계가 가까워지기를 원한다. 당신의 목표는 전 세계로 당신의 사업을 알리는 것이다. 그렇다면 당신은 특정 구역 내에 있는 사람들뿐만 아니라 세상밖에 있는 사람들 즉, 당신의 고객이 아닌 사람들에게까지 다가갈 줄 알아야 성공의 열쇠를 거머쥘 것이다.

피터 드러커는 미래 고객들을 '비고객'이라고 명명하였

다. 드러커의 말에 의하면 90퍼센트의 잘못된 정보는 조직 내부를 통하여 흡수된다는 것이다. 드러커는 대부분의 회사들이 이로 인해 피해를 입고 있으며 따라서 우리는 바깥시장 즉, 전체의 시장을 보고 대처해야 할 것이라고 말하였다.

또한 그는 이렇게 덧붙인다. '놀랍게도 성공 전략의 바탕은 얼마나 시장의 상황을 제대로 인식하고 있으며, 많은 정보를 가지고 있느냐로 판가름 난다. 즉 비고객들, 경쟁사의 기술을 뛰어넘는 신기술, 새로운 제품들의 개발 등에 초점이 맞춰져 있어야 한다.'

다시 한 번 교황프란치스코와 피터 드러커의 말에서 우리가 배울 점이 있다. 이 두 명의 사상가들은 공통적으로 새로운 변화에 대한 탐색을 강조한다. 프란치스코 교황은 대중들의 종교적 변화, 영혼의 변화, 신, 그리고 교회에 대한 태도 변화 등을 언급했다.

드러커는 경영자의 진부한 사고방식을 버리는 변화를

말했다. 드러커는 단지 한 사람의 고객도 중요함을 다시 한 번 강조한다. 40종이 넘는 그의 저서와 여러 발표에서 비고객의 중요성에 대해 항상 언급하고 있다. '조직의 가장 기본적인 변화를 주는 요인 중 첫 번째 요인은 바로 고객들과 회사 내부의 작은 변화이다. 그리고 그것을 주도하는 사람은 당신들의 제품을 사지 않는 비고객들이며 언제나 항상 그 변화를 이끈다'고 말한다.

프란치스코 교황과
드러커의 남다른 전략

프란치스코 교황은 세상을 고정적이지 않고 끊임없이 변화하는 환경이라 생각하며 이에 적절한 대응을 하여야 한다고 말한다. 여기서 목회사역에 대한 교황의 발언은 드러커의 사상을 연상시킨다. "목회사역에서 선교사로서 갖춰야 할 자질은 현실에 안주하고자 하는 자기만족적인 태도와 발언을 경계하는 것이다. 스스로 '이런게 우리가 하던 방식이야'라고 말하지 말고 본인이 속한 지역에서 목표에 대해 재차 검토하는 자세를 갖추라. 조직과 스타일, 그리고 방법들에 대해 좀 더 혁신적일 수 있기를 바란다. 충분한 공동사회에 대한 리서치가 이루어지지 않은 채 제안된 아이디어는 환상에 불가한 일이라고 말할 수 있다.'

교황과 드러커는 남다르게 사려심 깊은 전략가다. 프란치스코 교황은 '복음의 기쁨'이란 설교문을 통해 성공적인 교회의 사명을 담당하기 위해서는 새로운 신자들에게 열린 마음을 보여야 한다고 강조한다. '성공한 교회란 모든 이에게 열린 교회이다. 세상을 향해 목적 없이 급하게 가기보다 겸손의 자세로 그들에게 다가설 수 있어야 할 것이다. 때때로 목적을 잃고 방황하는 이들에게 다가설 때는 무조건적으로 가서 그들의 이야기를 듣기보다 천천히 그들의 마음을 열 수 있는 것이 나을 때가 있다. 탕자의 아버지처럼 우리는 돌아오고자 하는 아들을 기다리는 아버지로서 언제나 그 문을 열고 길을 잃은 아들이 돌아오길 기다릴 줄 알아야 한다.'

그리고 이와 같이 덧붙였다. '우리는 사회의 일원으로 책임감과 사명을 느끼고 인간 내면의 깊숙이 자리 잡은 순수한 감성과 초월성으로 종교적 전통을 가꾸어야 한다. 진실을 찾고자 하는 마음, 그리고 선량한 마음으로 하느

님의 형상을 본받지 않은 자들이라고 할지라도 편견 없이 그들에게 다가가야 할 것이다.'

고객과 비고객을
대하는 자세

어떻게 프란치스코 교황이 교회의 '고객층'을 확장시킬 수 있었는지 살펴보자. 영국의 일간지 〈데일리 메일〉에서는 2013년 11월 다음과 같은 기사를 기고하였다. '교황효과- 새로운 교황의 부임 8개월 만에 로마 가톨릭교회의 커다란 변화를 가져오다.' 이 기사는 교황의 새로운 부임 이후 영국 내 가톨릭교회를 종교로 삼은 신도들이 20퍼센트 증가한 것과 프랑스, 스페인, 이탈리아 그리고 미국과 남미 국가들에서도 이와 비슷한 퍼센트의 신도들이 증가한 점을 지적하였다. 이보다 더 놀라운 것은 성 베드로광장에 교황을 알현하기 위해 8만 5,000명의 인파가 몰렸다는 사실이다. 이와 상반되게 전 교황 베네딕토 16세 시대에

269

모인 사람들은 5,000여 명이었다.

그리고 기사는 이와 같이 덧붙였다 '교황 프란치스코 효과는 전 세계로 영향력을 끼쳤다. 이탈리아 종교연구회에 의하면 고해성사를 찾는 사람들은 기존 100명에서 1,000명까지 그 숫자가 증가하였다고 한다.'

이런 급작스런 변화는 어떻게 일어난 것일까? 기사는 '영혼을 울리는 겸손의 효과'라고 설명한다.

프란치스코 교황의 겸손은 많은 이들이 로마 가톨릭을 종교로 삼는 이유를 설명해주고 있다. 자신 스스로를 디지털 교황이라고 부르는 그는 트위터에 380만 팔로워를 가지고 있다. 교황은 자신이 특별한 사람이 아님을 강조하며, 일반대중과 친밀하게 호흡할 수 있는 수단을 능동적으로 찾는 것이다.

프란치스코 교황의 트위터 계정은 가톨릭교회에 새로운 바람을 불어넣었다. 중세시대부터 전통적으로 개인의 내면을 다스리는 수렴적 방향의 가톨릭의 가르침과 달리, 개혁과 개방의 방향을 일깨운 것이다.

바티칸의 어떤 이들은 성직자들의 인터넷 사용에 대해 경고하며 전통적인 절제의 방식을 본받아야 하고 천국은 인터넷 너머에 있지 않다고 말한다. 바티칸의 보수주의적인 사람들이 프란치스코 교황의 새로운 방법에 대해 어떻게 느끼는지를 잘 설명해 준다. '자판기에서 커피를 내려 먹듯 당신은 의지대로 행위를 쉽게 해서는 안 된다'라는 표현도 있었다. 이탈리안 일간지 〈코리에레 델라 세라〉를 통한 평신도 평의회의 수장인 클라우디오 마리아 셀리 대주교의 말이다.

행위의 자유란 신성한 행동을 취하는 사람들, 즉 그리스도의 행위를 본받아 사는 사람들에게 허락된다. 이는 사제들이 감당하는 지옥에서 7년간의 연단을 거쳐야만 이루어질 수 있다.

인터넷을 활용한 표현의 자유를 통해 가톨릭교회의 성장은 새로이 구축되었다. 이러한 두 콘텐츠의 접목은 우리가 이전의 관습으로는 상상할 수 없었던 혁신적 결과로 이어졌다. 그것은 신분에 얽매이지 않는 평등한 소통의 기회를 제공하였다. 교황의 생생한 트위터 게시를 통해 교회는 이 신성한 흐름의 참석자가 되었다.

이러한 인터넷의 파급효과로 우리는 프란치스코 효과를 입증하게 되었다. 2013년 교황 프란치스코는 케이트 미들턴과 에드워드 스노든과 같은 유명인들과 함께 인터넷에서 가장 주목받는 인물로 부상하게 된다.

현재의 고객들을
기억하라

    피터 드러커와 교황 프란치스코에서 알 수 있듯이 그들의 공통점은 새로운 고객을 대할 때 기존고객에 대한 관심을 지속하였다는 점이다. '비즈니스의 목적 중 잊지 말아야 할 것은 고객창출이다. 그러나 실제 경영에서 가장 까다로운 부분은 그들의 사업에 대해 정의를 내리는 것이다.' 드러커는 말한다.

    교황 프란치스코는 신도들을 보살피는 것에 대한 중요성을 누구보다 강조하였다. '목회자는 그들의 듣는 귀를 열고 이를 통한 신앙인들의 자세가 무엇인지를 알아야 할 것이다. 목회자는 말에 대해 고려하고 자신의 신도의 말에 귀 기울여야 한다. 주변 사람들의 행동과 이야기에 귀를 기울이고 신중한 답변을 한다면 이를 통해 그는 염원과 성숙과 한계, 기도의 방법, 사랑과 나아가 세계관을 정립할 수 있을 것이다.'

고객들과 비고객들 모두에게 어떤 방법을 통해 가까워질 수 있을까? 다음을 참고하길 바란다.

● 고객들로부터 지혜를 구하라

요즘 같은 시대에는 고객을 유치하기란 쉽지 않은 일이다. 전 세계적으로도 치열한 경쟁사들이 즐비하여 있기 때문이다.

고객들을 직접 만나 그들의 의견을 들어 보아라. 중점적인 고객들을 대상으로 그들의 의견을 듣고자 한다면 그들은 당신에게 여러 가지 문제점과 필요성을 제대로 제시할 수 있을 것이다. 당신과 고객의 관계를 좀 더 특별하고 실질적인 방법으로 구축하라. 고객들에게 '당신들이 밤에 잠을 못 이루게 되는 이유는 무엇입니까'라고 묻는다면 그들의 필요에 대해 알 수 있는 기회가 될 것이다.

비고객들에게 마음을 열고 다가서라

당신은 항상 고객들보다 비고객들이 더 많을 것이다. 하지만 미래의 고객들이 누군지를 안다면 그들을 알기를 겁내서는 안 된다. 회의에 참석하고 산업의 동향을 주시하며 컨벤션 등 행사에 참여하여 그들을 접촉할 수 있는 기회를 넓혀라. 덧붙여 이들이 읽는 것과 똑같은 신문과 사설을 꾸준히 읽는 습관을 가져라. 이러한 습관은 그들과 비슷한 생각을 가질 수 있게 해주는 연습이 될 것이고 그들을 공략할 만한 새로운 아이디어의 발상과 고객층의 확산을 이끌수 있는 데 도움이 될 것이다.

소셜미디어를 활용하라

현대의 기술은 새로운 사람들을 만날 수 있게 많은 서비스를 제

공한다. 비즈니스와 어떤 소셜 미디어를 함께 활용할지를 고려해

보라. 만약 당신이 창의적인 산업군에 속하였다면 SNS중 '핀터레

스트' 계정을 사용해 보길 권한다. 만약 당신이 좀 더 조직화된 환

경이라면 당신의 미래 고객들을 '링크인' 계정을 통해 만나볼 수 있

을 것이다. 미래 고객들의 대화에 참여하고 당신의 제품에 관한 것

이 아니라고 하더라고 새로운 토픽을 제시하며 공유하도록 한다.

덧붙이자면 이러한 인터넷 미디어를 통한 소통은 서서히 대중에게

다가가게 한다. 웹사이트가 있다면 잦은 포스팅을 하도록 하여 비

고객이라고 할지라도 포스팅에 접촉될 수 있는 기회를 제공하라.

만약 당신의 기업이 홈페이지나 블로그가 없다면 다른 외부의

전문가나 마케팅업체를 통하여 빠르게 구축해야 한다. 프란치스코

교황과 그의 바티칸 동료들이 트위터를 사용하여 사람들과의 소통

에 힘을 썼던 것처럼 소통을 향한 노력을 해야 한다.

감사의 말

　이 책을 출간하며 많은 도움을 주시고, 격려를 해주신 많은 분들에게 감사의 말을 전한다. 이분들의 도움으로 성공적으로 책을 출간할 수 있게 되었다.

　우선 나의 힘의 근본이며 모든 일에 가장 큰 지지자인 가족들에게 감사의 말을 전한다. 특별히 항상 지지하고 응원하며 훌륭한 조언자와 조력자가 되어준 아내 낸시와 많은 시간을 함께 할애해 준 조슈아와 노아 두 아들들에게도 감사의 말을 전한다.

　교황 프란치스코의 지혜와 영감을 올바르게 집필할 수 있도록 조언과 지지를 아끼지 않은 나의 아버지에게도 깊은 감사의 말을 전한다. 특별히 이 책이 출간되는 의미 깊은 시점에 나의 아버지 발톤 바루크 크레임스도 87세 생일을 맞이하였다.

그리고 가족 중 교황 프란치스코의 전례 없는 행적에 대해 깨달을 수 있게 도움을 준 나의 어머니 트루디 크레임스에게 감사의 말을 전한다. 어머니는 겸손의 삶을 실천하며 나도 그녀와 같은 삶을 살고 싶게끔 삶의 동기를 만들어 주신 분이다.

이와 더불어 여러 출판업계의 전문가들에게 감사의 말을 전한다. 그들의 도움이 없이 책의 집필은 가능하지 않았으며, 특별히 AMACOM사 임직원들의 성원과 도움이 있었기에 가능하였다. 이런 좋은 책을 출간할 수 있게 기회를 준 점에 감사를 전하며, 프로젝트가 진행되는 동안 보여준 그들의 전문적인 태도의 야무진 업무에 깊은 감명을 받았다는 말을 전하고 싶다. 항상 거침없는 진행과 정확한 판단력으로 작업의 정점을 찍을 수 있었고 많은 이들에게 교황의 가르침에 대해 널리 알릴 수 있게 되었다.

에디터 스테픈 파워와 엘렌 카딘에게 작업의 흐름을 조

율해 주며 조언과 격려를 아끼지 않고 집중할 수 있게 도움을 준 점을 감사한다. 스테픈 파워의 탁월한 리더십이 있었기에 팀원들과의 공동작업을 진행하는 동안 나의 부족한 부분을 함께 협력함으로 매우며, 그 결과 매끄러운 결과물을 탄생시킬 수 있었다고 생각한다. 이 책에서 기고하는 바와 같이 하느님의 영광스런 죄의 사함을 통하여 나같이 부족한 죄인도 거듭날 수 있다고 믿는다.

그리고 존경하고 선망하는 나의 멘토 행크 케네디에게 감사의 말을 전한다. 그는 1984년부터 3년 동안 나에게 에디터 자리의 기회를 주었고 이 책을 쓸 수 있게 많은 영향력을 끼쳤다. 행크는 이외에도 여러 업적을 남기며 영향력 있는 전문가로서의 입지를 굳건히 다지고 있다.

또한 탁월한 교열 담당자 지니 캐롤양에게도 감사의 말을 전한다. 지니는 출판업계에서도 최고의 실력을 자랑하는 작가이자 교열 전문가로서 그녀의 사려 깊은 생각을 통해 많은 도움을 받았다.

그리고 겸손과 미덕의 모델을 지향하는 로코 오르텐지

오에게 진심 어린 감사를 전한다. 원고를 검토해주고 심려 깊은 조언을 아끼지 않은 그에게 진 빚이 많다고 느낀다.

또한 책을 위한 자료검색과 검열을 도와준 앨랜 코콘티스와 캘리 크리스티안센에게 감사한다. 그들의 공헌이 있었기에 좋은 책을 출간할 수 있었다.

이들 외에도 시간에 구애받지 않고 책을 위한 아이디어를 제공하고 마지막 책이 출고되기까지 중요한 역할을 담당해준 많은 사람들을 있다. 교황 프란치스코의 영혼을 울리는 깊은 가르침을 이해하고 방향을 잡을 수 있게 도움을 준 버나드 베라디 코레타에게 감사를 표하며, 마크 워커와 베자렐 단츠에게도 한밤중의 힘든 작업에도 불구하고 글에 집중하여 완성도를 높일 수 있게 해준 점에 감사하는 바이다.

나의 죽마고우 빌리 버드에게 다음번에 꼭 마티니를 대접하러 뉴욕에 가겠노라고 전하고 싶다. 그는 세드윅 에비뉴와 운동장과 브론스 지역의 거리를 뛰놀았던 어린 시절 추억을 나눈 나의 진정한 친구이다.

그리고 마지막으로 이 책의 주인공이자 많은 교훈을 가르치는 교황 프란치스코에게 감사의 마음을 표한다. 그 또한 신 앞에서 한낱 죄인에 불과 하지만 세상에 새로운 빛을 전하고, 영생과 영원한 기쁨을 세상에 알려준 위대한 인물이다. 그는 리더의 진정한 표상이며 나에게는 책을 집필함에 있어서 크나큰 영광을 맛볼 수 있게 해주었다.

저자 제프리 A. 크레임스

"나는 여기 아래에 서겠습니다"
사람을 얻는 프란치스코 리더십의 12가지 비밀

초판 1쇄 2015년 1월 30일
　　2쇄 2015년 6월 10일

지은이 제프리 A. 크레임스　**옮긴이** 백혜진
펴낸이 전호림　**편집총괄** 고원상　**담당PD** 유능한　**펴낸곳** 매경출판㈜
등　록 2003년 4월 24일(No. 2 - 3759)
주　소 우)100 - 728 서울특별시 중구 퇴계로 190 (필동 1가) 매경미디어센터 9층
홈페이지 www.mkbook.co.kr
전　화 02)2000 - 2610(기획편집)　02)2000 - 2636(마케팅)　02)2000 - 2606(구입 문의)
팩　스 02)2000 - 2609　**이메일** publish@mk.co.kr
인쇄 · 제본 ㈜M - print　031)8071 - 0961

ISBN 979 - 11 - 5542 - 207 - 6(03320)
값 13,000원